*L'éditeur tient à remercier
chaleureusement
l'Office du tourisme hellénique,
à Paris et à Rhodes,
pour l'aide
apportée à la réalisation
de ce livre.*

joël cuénot

RHODES
ET LES CHEVALIERS DE SAINT-JEAN

éditions joël cuénot

LES ORDRES MILITAIRES ET HOSPITALIERS EN TERRE SAINTE

© CUÉNOT 1990. ISBN : 2.86348.017.0

● Il était originaire, dit-on, de l'île de Martigues, en Provence, et se nommait Gérard Tenque. Parti comme tant d'autres pour aller se recueillir sur les lieux de la Passion du Christ, il avait été hébergé dans un hospice situé tout près du Saint Sépulcre, hospice fondé, à la fin du IXe siècle, par des marchands italiens d'Amalfi, et placé sous la protection de saint Jean l'Aumônier. Quand les Croisés entrèrent à Jérusalem en 1099, ce lieu d'accueil fonctionnait déjà sous l'autorité de frère Gérard. L'efficacité de son action, la fondation d'autres hospices en Terre sainte furent reconnues par le pape Pascal II en 1113 et récompensées par d'importants privilèges. ● Mais la raison d'être des Croisades, opérations militaires destinées à délivrer les Lieux saints, ne fut pas sans modifier l'institution, essentiellement religieuse et hospitalière. A la mort de frère Gérard, vers 1120, son successeur, Raymond du Puy, jeta les fondements de l'Ordre en ajoutant à la mission originelle, charitable, la fonction militaire, en principe incompatible avec la première, mais que l'insécurité des temps rendait indispensable. Curieusement, on oublia la protection de l'Aumônier et l'Ordre fut placé sous celle de saint Jean Baptiste.
● D'autre part, l'octroi de privilèges, dans le système féodal de l'époque, fut à l'origine de sa souveraineté. En Europe, de nombreuses donations foncières lui permirent de créer

*Les rangs des chevaliers teutoniques
sur le lac Tchoudsk,
en 1242, au cours de la bataille que leur livra
Alexandre Newsky.
Photographie
extraite du film de Serge M. Eisenstein
« Alexandre Newsky » (1939).*

un ensemble très important de commanderies, exploitations agricoles placées sous la responsabilité d'un chevalier, le commandeur. ● Parmi les autres ordres militaires créés en Terre sainte, l'ordre des Chevaliers du Temple et celui des Chevaliers teutoniques furent des plus importants. ● Les Chevaliers du Temple, fondés vers 1118, tiraient leur nom de la proximité du siège de leur ordre du temple de Salomon, à Jérusalem. Moines soldats, ils obéissaient à une règle voisine de celle de l'ordre de Saint-Jean, mais la fonction hospitalière en était absente. En France, les Templiers devinrent une redoutable puissance, et l'on sait le procès qui leur fut intenté par Philippe le Bel et comment leurs biens, après la dissolution de l'ordre, en 1314, furent transmis aux Hospitaliers de Saint-Jean. ● Un autre hôpital, créé à Jérusalem vers 1128, pour assurer une assistance aux croisés allemands, devint, en 1187, l'ordre des Chevaliers teutoniques. C'est en Europe que l'ardeur de son prosélytisme trouva son apogée quand il fallut convertir les païens de Prusse et ceux des rives de la Baltique. Très célèbres par leur costume, une cape blanche frappée d'une croix noire, les chevaliers subirent leur première défaite en 1242, écrasés par Alexandre Newsky sur les glaces du lac Tchoudsk. Bien que supprimé par Napoléon Ier en 1809, l'ordre existe encore de nos jours, mais sous forme uniquement religieuse.

● Les croisades furent organisées par la papauté non seulement pour délivrer la Terre sainte de l'emprise infidèle mais aussi pour protéger l'Europe centrale de la menace turque. Quatre Etats latins furent créés, à l'issue de la première croisade ; du nord au sud : le comté d'Edesse, la principauté d'Antioche, le comté de Tripoli et le royaume de Jérusalem. Soumis sans cesse à la menace musulmane, les nouveaux Etats durent se protéger. ● D'importantes forteresses furent construites et défendues par les ordres militaires : Gibelin, Margat, le Crac des Chevaliers et Saint-Jean d'Acre. Malgré la succession des croisades, les croisés durent abandonner villes et places fortes. Jérusalem fut reprise en 1187 par Saladin, sultan d'Egypte, et le Crac, occupé par les chevaliers de Saint-Jean depuis 1142, dut être abandonné en 1271. Margat fut emportée en 1285. Restait un dernier verrou : Saint-Jean d'Acre, qui sauta en 1291. Les conquêtes des croisades étaient définitivement perdues pour la Chrétienté. ● En quittant Saint-Jean d'Acre, les chevaliers de Saint-Jean firent voile vers Chypre où ils furent accueillis par Henri II de Lusignan ; mais leurs relations n'y furent pas des meilleures. Quand Foulques de Villaret accéda au grand magistère, en 1305, il mit à exécution un projet antérieur visant à rechercher une nouvelle terre d'accueil : Rhodes fut choisie.

*Le crac des chevaliers,
la plus célèbre des forteresses de Terre sainte,
fut construit par les Hospitaliers
de Saint-Jean qui l'occupèrent pendant cent trente ans.
Le château est demeuré presque intact,
avec sa double enceinte,
ses vingt tours dominées d'un donjon de 50 m.
Formidable puissance militaire
qui recèle, à l'intérieur, une délicate architecture
du temps de saint Louis.*

Carte extraite du livre de l'abbé de Vertot : « Histoire des chevaliers hospitaliers de Saint-Jean de Jérusalem appelés depuis chevaliers de Rhodes et aujourd'hui chevaliers de Malte. » Paris, 1726.

L'ILE
GRECQUE

Une ruelle qui mène du blanc solaire à l'ombre humide des bougainvillées. Escalier tortueux aux marches arrondies de très vieux badigeons et qui va vers d'autres venelles dont les ombres profondes s'éclaboussent soudain d'éclatantes lumières. On ne peut trouver qu'en Grèce de semblables ruelles, mais ici les fines nervures qui encadrent les portes se courbent en ogives et gravent dans la pierre l'empreinte exclusive des maisons de Lindos.

A Philerimos, le printemps fait surgir des bouquets d'un jaune aux nuances de soufre.

J'attendais les mois de canicule et le parfum des roses d'où l'île, paraît-il, aurait tiré son nom.

Mais je n'ai vu que roses de lauriers, rouges d'hibiscus et pourpres de bougainvillées dont les grappes superbes accrochées au sommet des murailles depuis moins de cent ans semblent être la mémoire des terribles combats d'un très lointain passé.

*Aphrodite
au bain dénouant ses cheveux
et statue de nymphe.
Epoque hellénistique.
Musée archéologique. Rhodes.*

*Au pied de l'acropole
de Lindos, le navire
qui servait de base à la statue
d'un amiral, Agésandros.*

L'île, comme Vénus, serait sortie de l'onde. Si deux femmes seulement illustrent cette page, une absente cependant s'impose à la mémoire : corps arqué, vêtements plaqués, s'offrant avec vigueur aux embruns du grand large, la célèbre Victoire, qu'on dit de Samothrace, serait l'œuvre de Pythocritos, un artiste rhodien.

Il ne reste ici, des œuvres du sculpteur, qu'un superbe navire, attendant sur le flanc du rocher que le soleil lui donne vie.

Lui aussi absent de ces images, le colosse de Rhodes construit par Charès de Lindos pour célébrer, trois siècles avant notre ère, la victoire des Rhodiens sur Démétrios.

Il était tellement lourd qu'une fois détruit par un tremblement de terre (227 av. J.-C.), il fallut, neuf siècles plus tard, grand nombre de chameaux pour transporter ses débris, devenus les objets d'une vente fructueuse.

Il est resté tellement célèbre que de nos jours certains en ont rêvé comme d'autres ont recherché le « Titanic ». Un jour, au fond du port de Rhodes, on crut avoir trouvé un fragment de sa main : griffure hélas moderne des dents d'un engin mécanique sur un vulgaire rocher.

C'est dans la crique de Lindos (p. 48) que l'apôtre Paul, en 57, aurait mis le pied dans l'île, commençant ainsi son évangélisation. A la fin du IVe siècle, Rhodes, devenue « métropole » des îles, avait de nombreux évêchés sous sa juridiction.

Depuis la fondation de Constantinople, en 330, Rhodes relevait de l'empire byzantin ; son architecture en adopta le style.

La messe, dans le rite byzantin, se célèbre au centre de l'édifice et non à une extrémité, comme dans les églises d'Occident.

Aghios Minas, ci-dessus, et Aghios Yorgis Pachymachiotis, églises byzantines de Lindos (XVe et XIIe siècles).

Cette particularité donna naissance à un plan plus compact, reproduisant habituellement la forme d'une croix grecque. Celle-ci délimite, au croisement des deux branches, un carré : il sera surmonté d'une coupole, s'inspirant ainsi d'anciennes traditions romaines.

Si des églises populaires, comme à Lindos, séduisent par l'extrême simplicité de leurs volumes, d'autres, comme celle de Fountoukli, (p. 21), ou celle dite de « Khourmaly » (p. 22), adoptent sous la coupole une succession d'arcatures aveugles, en plein cintre, ménageant de rares ouvertures à la pénétration de la lumière.

*A Fountoukli,
au centre de
l'île, Aghios Nikolaos,
église
byzantine du XVᵉ siècle.*

L'église de « Khourmaly », ci-dessus, témoigne dans ses pierres de la vie des deux communautés chrétiennes qui allaient se cotoyer pendant plus de deux siècles : le sommet appartient à Byzance mais le style du porche, utilisant l'ogive, est la marque plus tardive d'un art occidental.
Car l'Eglise latine – ou catholique – et l'Eglise grecque – ou orthodoxe – étaient séparées depuis le schisme de 1054.

Rhodes eut donc deux archevêques. Le métropolite grec avait dû reconnaître l'autorité du pape et sa suprématie sur le patriarcat de Constantinople ; il portait le titre d'« Archiepiscopus Rhodiensis ».
L'Ordre, de son côté, nommait aussi un archevêque : l'« Archiepiscopus colossencis » (c'est-à-dire des Colossiens, comme on nommait alors les habitants de Rhodes). C'est de cet archevêque latin que dépendait le métropolite.

Clocher d'un monastère byzantin du XVe siècle (ci-dessus). Celui-ci, cédé aux Franciscains, deviendra, sous l'occupation turque, une école coranique : « Khourmaly Mendressé » (école du dattier).

Au sommet de l'acropole de Lindos, vestiges de l'église byzantine Aghios Ioannis. XIIIe siècle.

*A Rhodes, le printemps
est la saison des ciels : la courbe
des nuages semble inviter
les voiles à entrer dans la rade
du port de Mandraki
entre cerfs de bronze, témoins
de la faune sauvage
de l'intérieur de l'île.
Mais la masse assoupie
du fort Saint-Nicolas rappelle
au visiteur qu'ici,
pendant plus de deux siècles,
s'écrivit une étonnante
histoire qui laissa dans la pierre
des couleurs médiévales.*

L'ÎLE DES CHEVALIERS

*Carte de Rhodes,
dressée en 1570.
Bibliothèque nationale,
Paris.*

● Dans l'esprit de Foulques de Villaret, Rhodes était une tête de pont qui devait permettre la reconquête de la Terre sainte. Depuis la prise de Constantinople par les croisés, en 1204, l'île échappait à l'autorité impériale et servait aussi de repaire aux pirates turcs et génois. L'un de ces derniers, Vignolo, eut l'idée de proposer au grand maître la conquête de l'île, en échange de terres qu'il y possédait : il en tirerait ensuite une certaine quiétude quant à la poursuite de sa piraterie, jusque-là perturbée par les Turcs. En 1309, à la suite de violents combats, l'île devenait possession des chevaliers. ● L'organisation de l'Ordre prit alors son aspect définitif, sous le magistère d'Hélion de Villeneuve. L'Europe avait été divisée en sept régions (ou Langues) dont chacune était représentée à Rhodes : Provence, Auvergne, France, Italie, Espagne (séparée plus tard en Aragon et Castille), Allemagne et Angleterre (celle-ci disparaîtra en 1534, lors du schisme d'Henri VIII). Rhodes était devenue une sorte de microcosme européen dont les ressources provenaient de dons et de l'impôt annuel, la « responsion », versé par les commanderies qui, en Europe, n'étaient pas moins de six cents. L'île était elle-même divisée en districts, les châtellenies. ● L'Ordre, obéissant à une hiérarchie sociale, se subdivisait en trois classes principales (hiérarchie créée dès le magistère de Raymond du Puy, en Terre sainte) :

les chevaliers de justice, les frères servants et les chapelains. Les chevaliers de justice devaient apporter des preuves de noblesse remontant aux trisaïeux. Reçus après avoir acquitté un « droit de passage », soumis à la règle d'obéissance et de chasteté, ils devaient, comme hospitaliers, se dévouer aux pauvres et aux malades ; comme militaires, ils devaient combattre l'Infidèle. Les frères servants, dont la noblesse était inexistante, ou trop récente, assistaient les chevaliers mais ne pouvaient prétendre aux éminentes fonctions. Les chapelains étaient des prêtres assurant les services religieux.
● On comptait aussi, dans l'organisation de l'Ordre, les oblats qui lui vouaient leur âme, mais lui donnaient aussi leurs biens ; les confrères, simples laïques se conformant à la morale chrétienne, et enfin les pèlerins et les croisés participant pour un temps aux opérations militaires. L'Ordre était placé sous l'autorité d'un grand maître, élu à vie par ses pairs et reconnu comme souverain par la communauté chrétienne tout entière.

Vingt grands maîtres présidèrent aux destinées de Rhodes :

Foulques de Villaret, Hélion de Villeneuve, Dieudonné de Gozon, Pierre de Corneillan, Roger de Pins, Raymond Bérenger, Robert de Juillac, Juan Fernandez de Hérédia, Riccardo Caracciolo, Philibert de Naillac, Antonio Fluvian, Jean de Lastic, Jacques de Milly, Pietro Raimondo Zacosta, Jean-Baptiste des Ursins, Pierre d'Aubusson, Aimery d'Amboise, Guy de Blanchefort, Fabrizio del Carretto, Philippe de Villiers de l'Isle-Adam.

Quinze d'entre eux portaient des noms venus de France. Elles sont aussi d'un style venu de France, ces envolées d'ogives qui soutiennent les voûtes de l'hôpital des chevaliers.

La rue des chevaliers, suivant sans doute un tracé antique, menait des abords du port au palais du grand maître. Artère principale du « collachium » (quartier où vivaient les chevaliers), elle était bordée d'auberges, chacune correspondant à l'une des Langues de l'Ordre, et dirigée par un bailli conventuel ou « pilier ». La vie dans le collachium, clos de murs, était comparable à celle d'un couvent : il était interdit d'en sortir sans autorisation, les repas se prenaient en commun et les chevaliers devaient aller prier, aux heures prescrites, à Saint-Jean, l'église conventuelle située en haut de la rue des chevaliers, face au palais. Un palais qui « n'était pas seulement, écrit Gabriel, la demeure du grand maître et de sa suite : il formait à lui seul une forteresse indépendante. Ses murailles flanquées de tours élevées continuaient l'enceinte, et ses terrasses commandaient les ouvrages avoisinants. Par sa situation au point culminant du château, il était en quelque sorte le donjon de la cité ».

La rue des chevaliers, dans sa partie montante (ci-dessus), conduit au palais du grand maître. Son tracé descendant, vers le port (p. 31), est interrompu par l'église Sainte-Marie.

A l'intérieur de la cité, les constructions du temps des chevaliers sont faites d'un calcaire jaunâtre, à gros grain. C'est une pierre tendre et sableuse quand on l'extrait de la carrière mais qui acquiert une certaine dureté au contact de l'air.

La porte de l'auberge de Provence est surmontée d'un ensemble héraldique : au centre, les armes de France. De part et d'autre, celles de la Religion et celles de Fabrizio del Carretto. En dessous, celles du grand prieur (p. 32).

Au-dessus de l'auberge de France (p. 33), les armes de la Langue voisinent avec celles de Pierre d'Aubusson : « écartelées de la Religion (nom que l'on donnait à l'Ordre) et des armes de la famille d'Aubusson, soit d'or à la croix pattée de gueules, le tout sommé du chapeau de cardinal ».

Les chevaliers employaient, pour les gros travaux – terrassements, extraction ou transports –, des prisonniers turcs. Mais, dès que surgissaient les problèmes délicats de taille ou de maçonnerie, on recourait aux corporations locales ou même à celles de France : les tailleurs de pierre de l'actuel département de la Creuse avaient en effet, à Rhodes, la réputation d'être parmi les meilleurs.

Le palais du grand maître subit, en 1856, les effets désastreux de l'explosion d'une poudrière (cf. p. 96). Ce palais, dont il ne restait que des ruines, devint malheureusement le sujet principal du programme italien de « restauration » en 1940.

L'importance des destructions, la rareté et le manque de précision des documents anciens (surtout pour l'intérieur) obligèrent les architectes à un effort d'imagination plus contestable encore que celui de Viollet-le-Duc à Pierrefonds; plus contestable, car il portait la marque grandiloquente, irréversible, d'une idéologie fasciste qui croyait être le rempart de la civilisation occidentale, et qui donnait à la restauration de Rhodes, autrefois bastion de la Chrétienté, une valeur hautement symbolique.

Au-dessus de la porte d'Amboise (p. 34), un ange tient les écus de l'Ordre et d'Aimery d'Amboise. Dans la pointe de l'accolade, un relief, très abîmé, du Père éternel. 1512.

Dans un carré de marbre (p. 35), les armes de Villiers de l'Isle-Adam : « D'or à un chef d'azur chargé d'une main vêtue d'argent, avec un manipule d'hermine, pendant sur l'or, le tout sous un chef de la Religion. »

POVR · LA
MAISON · 1511 ·

Dès la conquête de l'île, les chevaliers n'oublièrent pas leur vocation première et entreprirent la construction d'un hôpital : la sainte infirmerie. Mais les bâtiments se révélèrent vite insuffisants et c'est au grand maître Antonio Fluvian (1437), que l'on doit la décision d'entreprendre la construction d'un nouvel hôpital. Plus vaste que le premier, ses magasins, au rez-de-chaussée, s'ouvrent sur une cour centrale carrée et sont surmontés d'une élégante galerie à jour (p. 39), donnant accès aux salles réservées aux malades. Le plan, visiblement, est inspiré des caravansérails d'Asie mais l'architecte a utilisé les formules stylistiques apprises en Occident. L'escalier, dans la cour intérieure, est un rajout de l'époque turque car il s'accroche à la galerie d'une manière assez fruste, apportant toutefois à l'ensemble une dimension théâtrale d'une imposante majesté.

Les chevaliers devaient assistance aux pauvres, malades ou blessés de guerre qui étaient logés dans une immense salle commune, aux piliers octogonaux. Placé sous la

Une porte de l'auberge d'Auvergne (p. 36) et le palais de l'Armeira, ancienne infirmerie des chevaliers (XIVᵉ siècle). Abrite actuellement le service archéologique.

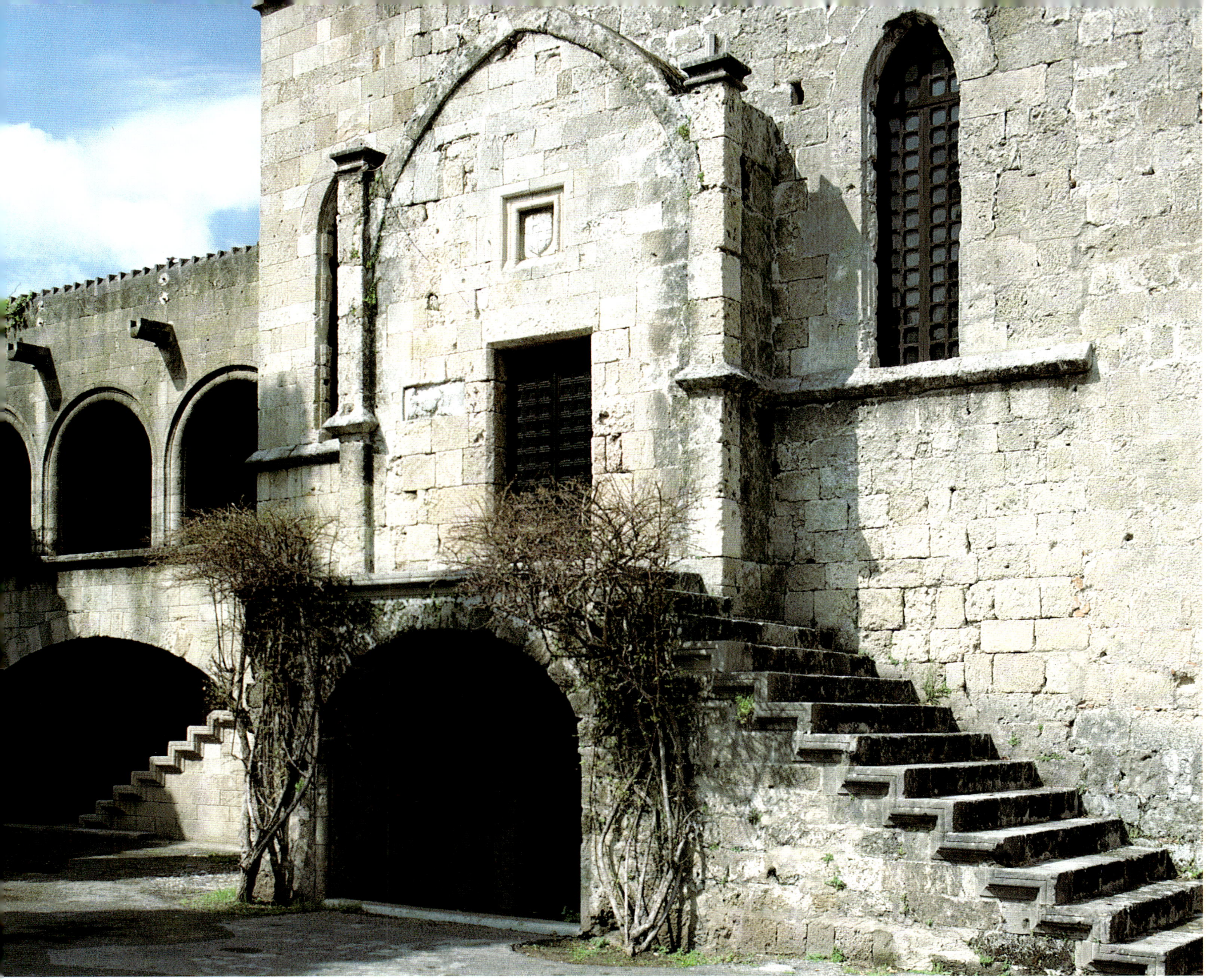

*responsabilité du grand hospitalier,
ce service apportait
une qualité de soins qui
dépassait de loin celle que l'on
pratiquait en Europe : pain
blanc, lits individuels munis
de deux draps et d'une couverture,
pelisse et pantoufles
pour le malade désirant se lever,
berceaux pour les nourrissons,
nourriture de qualité, etc.*

*L'hôpital
des chevaliers :
la salle
des malades
et la
cour intérieure.*

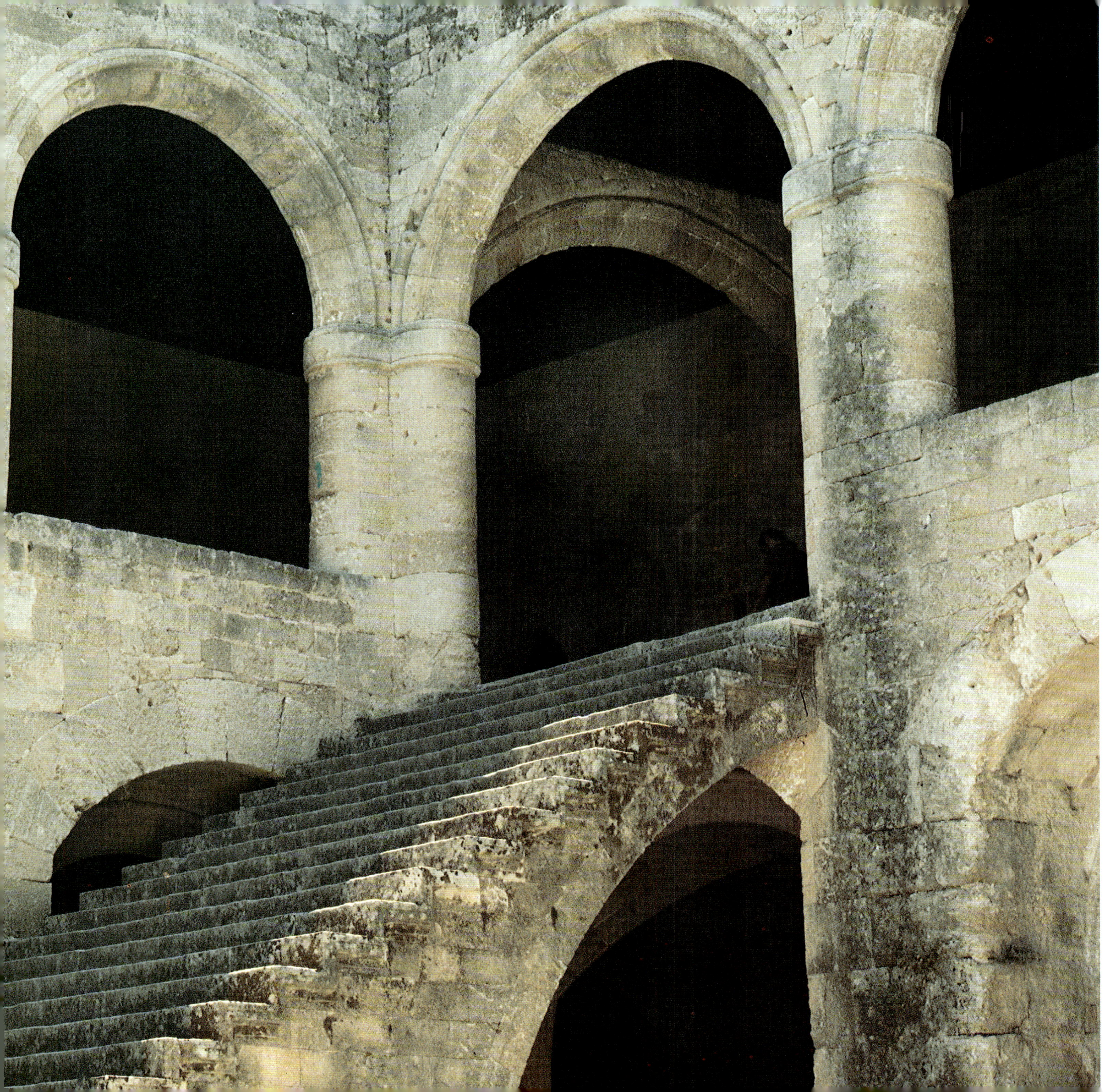

« *Les tours, les bastions et les murailles de Rhodes seront réduits à la hauteur de l'herbe qui croît au pied de toutes ces fortifications* », écrivait, en 1522, Soliman le Magnifique à Villiers de l'Isle-Adam, en manière de déclaration de guerre.
Sans que l'on puisse l'affirmer, les fortifications médiévales de Rhodes ont peut-être suivi un tracé plus ancien. Les grands maîtres n'eurent de cesse

Le second rempart qui, à l'est, double celui de la cité, vers la porte Saint-Athanase (p. 40), et vers la porte Saint-Jean (p. 41), dite aussi de Koskinou.

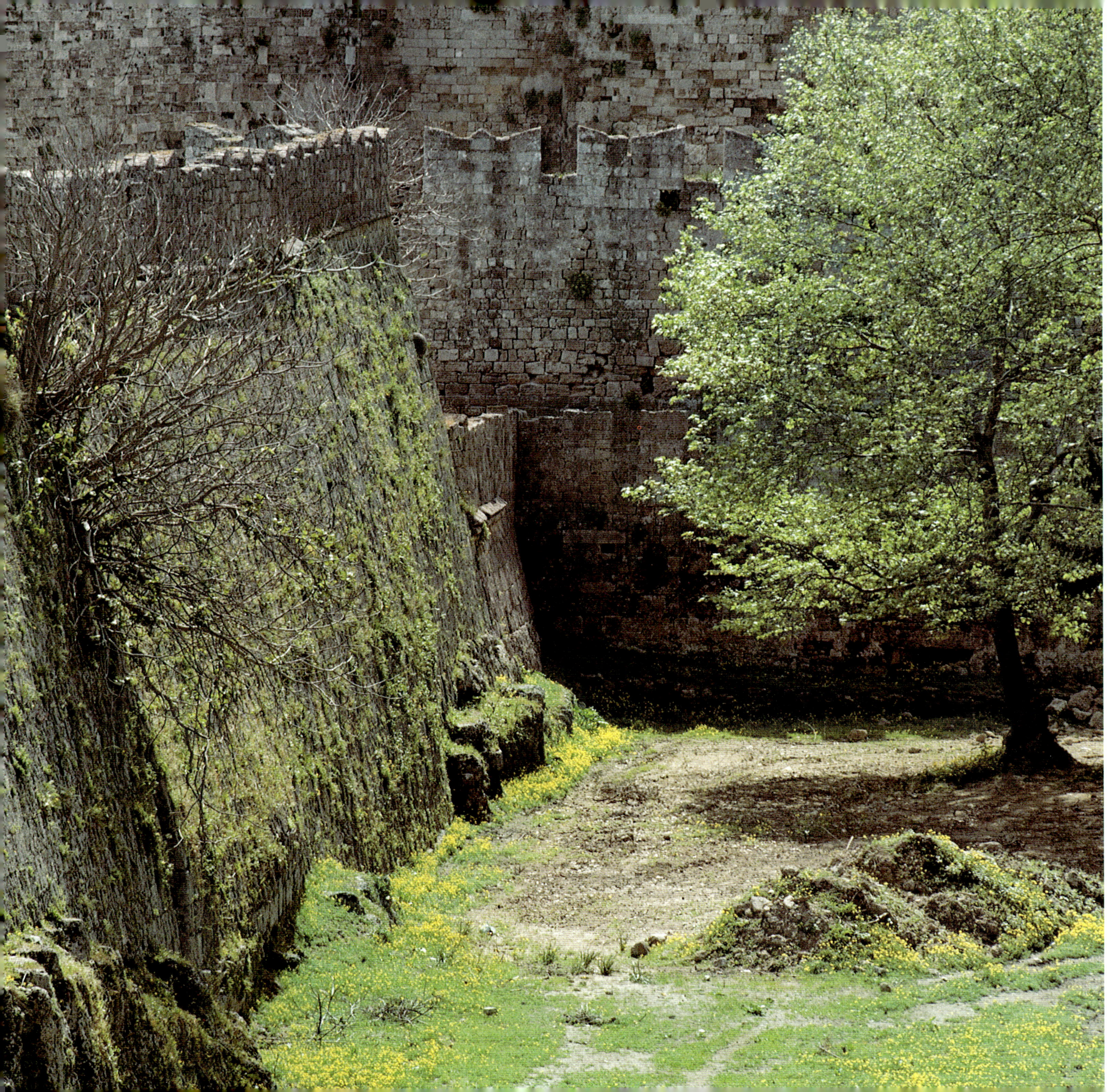

de les perfectionner. L'architecte Gabriel nota que la croix de Pierre d'Aubusson apparaissait plus de cinquante fois sur la ceinture des murailles, montrant ainsi l'importance des travaux que le grand maître entreprit tout au long d'un magistère de vingt-sept ans.

La porte Saint-Jean, dite de Koskinou, surmontée des armes de la Religion (croix latine) et de celles de Pierre d'Aubusson (croix pattée).

Les tours de la porte de la Marine.

Pierre d'Aubusson avait reçu dans sa jeunesse une formation très complète, apprenant « la partie des mathématiques qui regarde l'art militaire ». C'est pour cette raison qu'il fut nommé par Jean-Baptiste des Ursins, en 1472, surintendant à la fortification, charge qu'il occupa jusqu'à sa propre élection en 1476.
  Les portes d'une ville fortifiée sont des endroits fragiles. A Rhodes, celles qui s'ouvraient sur l'intérieur des terres étaient les plus difficiles à défendre et leur nombre alla en décroissant : en 1480, on pouvait en compter cinq ; elles n'étaient plus que trois en 1522. La plus monumentale de toutes, celle de la Marine, s'ouvre au fond du port. Son entrée est surmontée d'un dais abritant les statues de la Vierge et de l'Enfant, de saint Jean Baptiste et de saint Pierre ; au-dessous, figurent l'écu de France, les armes de l'Ordre, celles de Pierre d'Aubusson et la date : 1478.

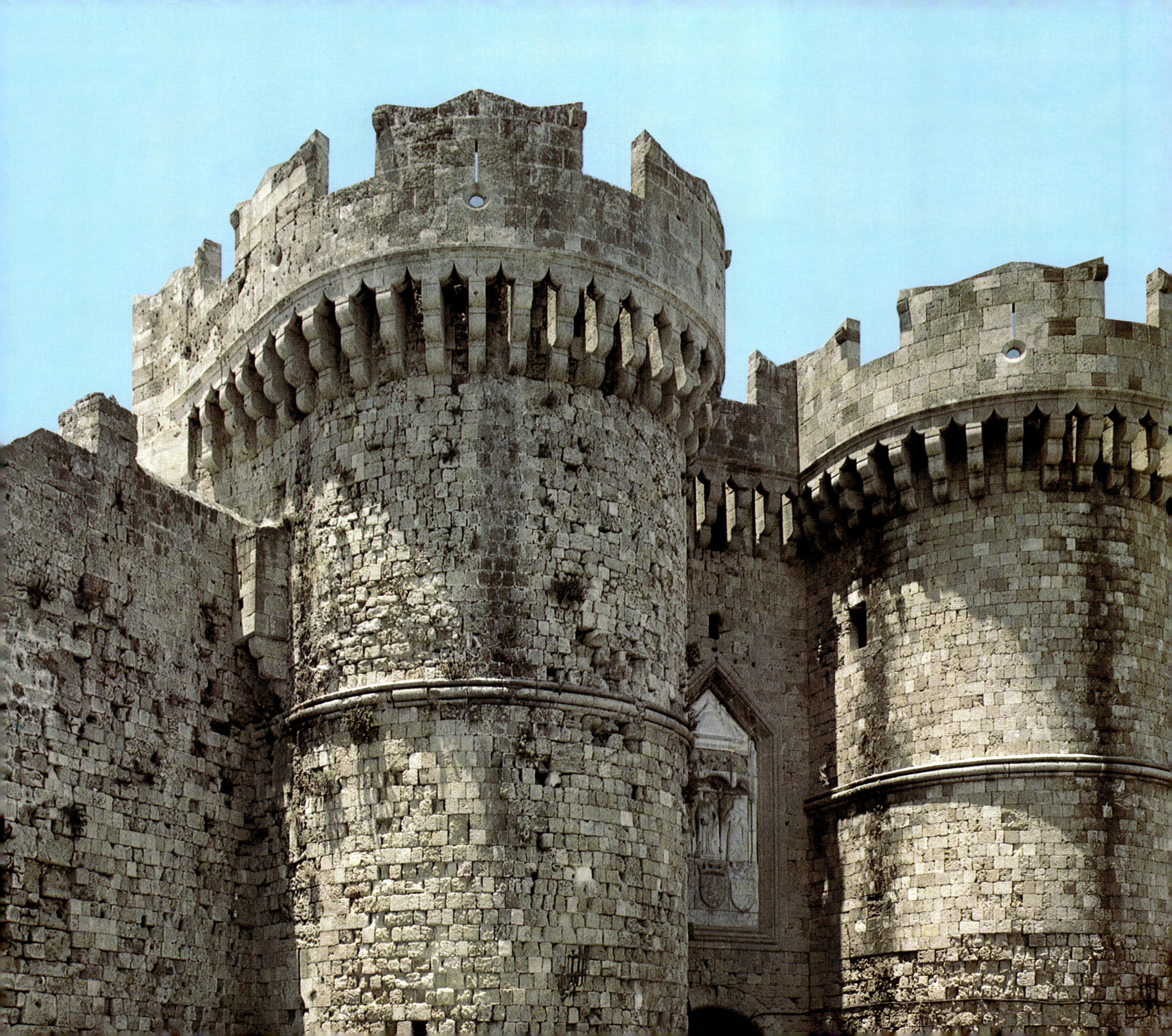

La ville de Rhodes possédait deux ports. Le principal était une rade fermée de deux môles aux extrémités plantées de tours : celle de Naillac, du nom du grand maître qui la construisit entre 1396 et 1421, et la tour des Moulins, qui lui faisait face ; la première a disparu. Une chaîne immergée reliant les deux tours interdisait aux navires ennemis l'entrée du port. Une deuxième chaîne doubla la première en 1522. Un voyageur allemand, visitant l'île en 1843, a vu l'une de ces chaînes remisée dans l'un des magasins du rez-de-chaussée de l'hôpital. Elle mesurait, d'après ses dires, 750 pieds, soit 243 m, ce qui correspond exactement à la largeur de la passe.

Au nord de la ville se trouvait le port de Mandraki, ou port des galères. Il était protégé par le fort Saint-Nicolas, construit en 1464 sous le magistère de Pietro Raimondo Zacosta. Ce fort, qui joua un rôle très important au cours du siège de 1480, fut détruit l'année suivante par un tremblement de terre et immédiatement reconstruit.

Les remparts du port (p. 44), vus de l'intérieur de la cité. Le fort Saint-Nicolas, vu de l'emplacement de la tour de Naillac.

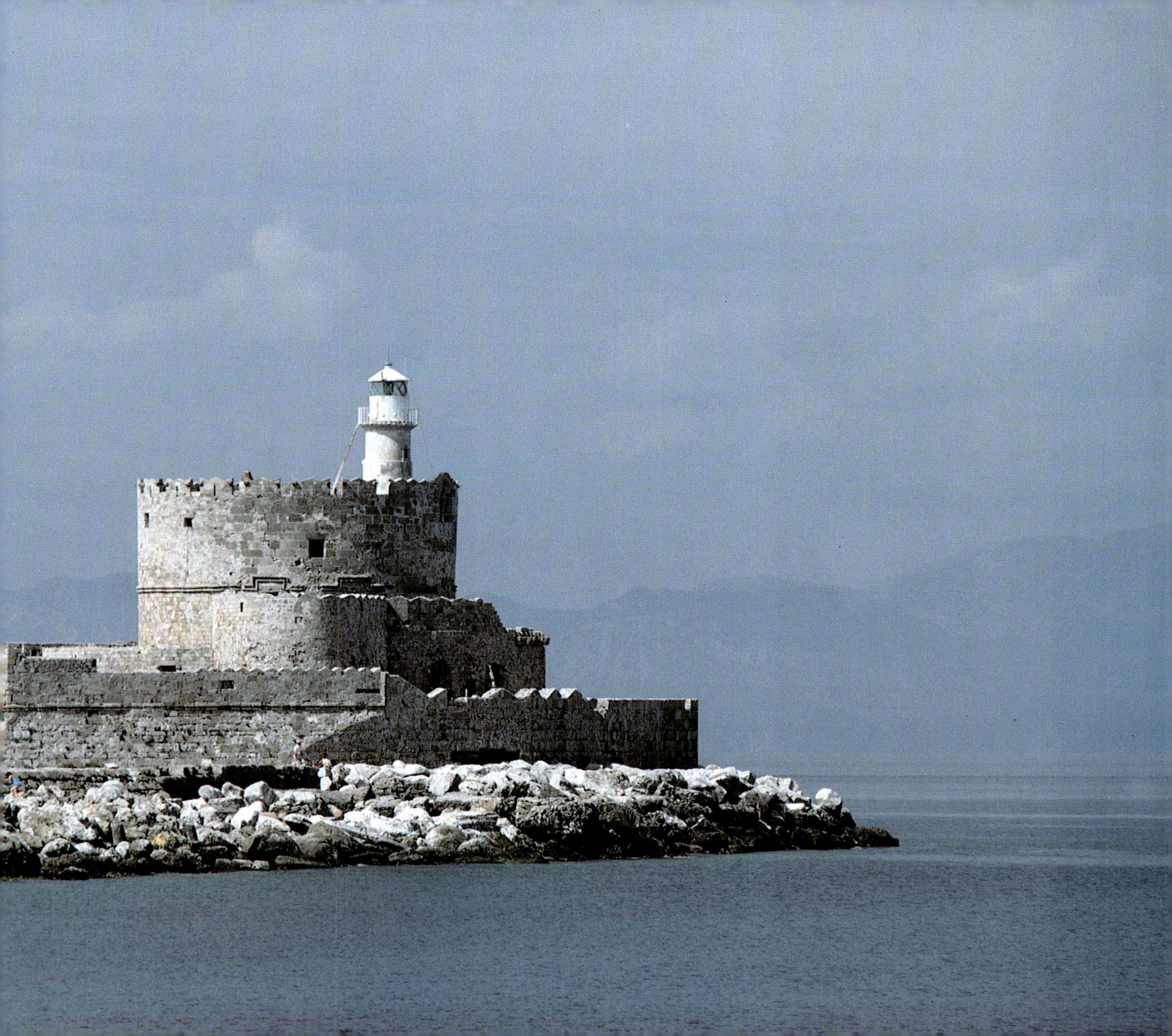

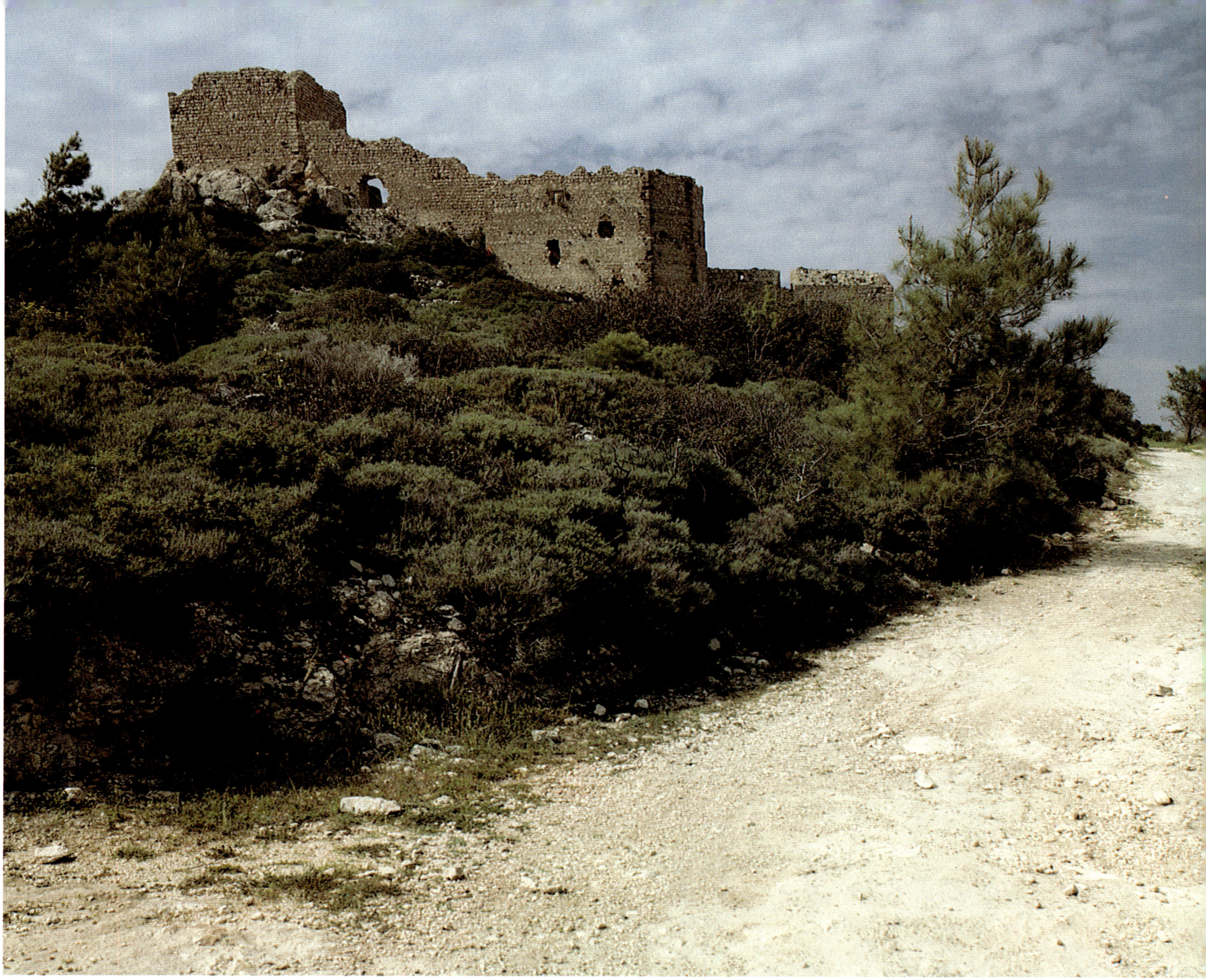

Les fortifications construites par les chevaliers protégeaient non seulement la ville, mais également l'île et, au-delà, l'ensemble du Dodécanèse, où l'on ne compte pas moins de dix-huit forteresses édifiées par l'ordre de Saint-Jean.
Sur la côte de l'Anatolie, à l'emplacement de l'antique Halicarnasse, le château Saint-Pierre, pris aux Turcs, fut remanié par Philippe de Naillac, puis par Pierre d'Aubusson qui fit creuser des fossés si larges que les vaisseaux de l'Ordre pouvaient aisément s'y réfugier en cas de menace des Turcs.
Dans l'île de Rhodes, quatre forteresses s'imposent : le château de Monolithos, très ruiné, devait dominer l'immensité du paysage à la manière de Château-Gaillard ; Féraclos qui, sous les chevaliers, servait de prison, montre encore son imposante masse ; Kritinia enchâsse dans ses murs les armes de Pierre d'Aubusson et de Fabrizio del Carretto ; et enfin, Lindos.

Le mont Philérimos, proche de la ville de Rhodes, occupé depuis l'Antiquité, fut fortifié par les Byzantins, puis par les chevaliers qui y construisirent un monastère.
Soliman, en 1522, y installa son quartier général. Le monastère ruiné (ci-dessus) fut relevé par les Italiens avec plus de tact, il faut le reconnaître, qu'au palais du grand maître. Mais on ressent, en parcourant les galeries d'un cloître trop neuf, une sorte de gêne, l'impossible contact avec un passé qui, obstinément, reste lointain, se refuse à parler.

Le château de Kritinia (p. 46), et le clocher du monastère de Philérimos.

« *Imaginez,
dit Lawrence Durell, que vous
êtes appuyé contre
une porte qui donne accès
à un poème et qu'elle s'ouvre
brusquement.* »

C'est ainsi que s'offre Lindos.

D'un côté (p. 49), l'enceinte
du château des chevaliers
entoure l'acropole de sa masse
noirâtre, masquant les
colonnes du temple d'Athéna.
L'harmonie est telle,
dans ce paysage où le château
s'entoure de la blancheur
des maisons protégées,
qu'on l'imagine être le fruit
d'une cohésion sociale
obéissant aux mêmes règles
féodales qu'en Europe.

Mais l'Eglise des chevaliers
était latine et les
villageois restaient fidèles
au rite byzantin.

De l'autre côté (p. 48),
le site semble surgir des premiers
temps de l'île : crique
abritée du vent du nord,
autrefois encombrée de barques
de pêcheurs, et dominée
d'une acropole, refuge et lieu
sacré, dont les flancs
sont taraudés de grottes ayant
sans doute servi d'abris.

*Lindos. Le port
Saint-Paul
et la vue générale
du village
et de l'acropole.*

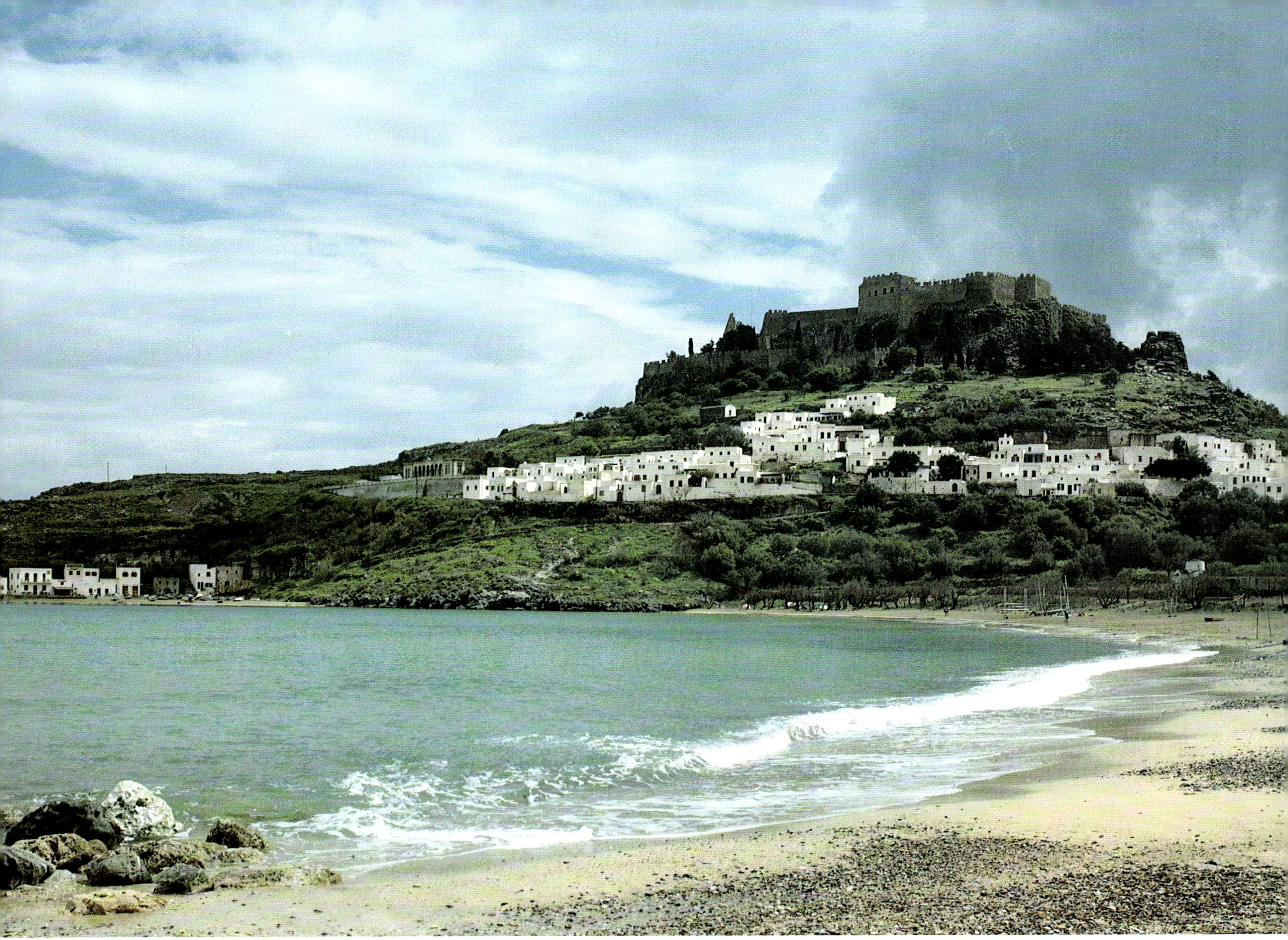

A Lindos, un escalier abrupt permet d'accéder au sommet de l'acropole où l'arbre pousse, fragile et solitaire.

Solitaire, comme le fut un jour Foulques de Villaret. Grand maître, artisan de la conquête de l'île, il affecta par la suite une attitude de plus en plus orgueilleuse et despotique : le faste qu'il affichait n'était pas en harmonie avec l'idéal de pauvreté des chevaliers.

Une conjuration de ses pairs s'organisa et Foulques de Villaret, déchu de ses fonctions par le conseil de l'Ordre, se réfugia au château de Lindos en 1317. Un nouveau grand maître fut élu : Maurice de Pagnac.

Le pape Jean XXII convoqua en Avignon les deux héros de l'histoire et l'élection de Pagnac fut annulée. Foulques de Villaret, rétabli dans ses fonctions, dut les abandonner aussitôt. Il mourut quelques années plus tard, retiré dans sa famille, près de Montpellier, après avoir tenté en vain de diriger les prieurés de Capoue et de Rome.

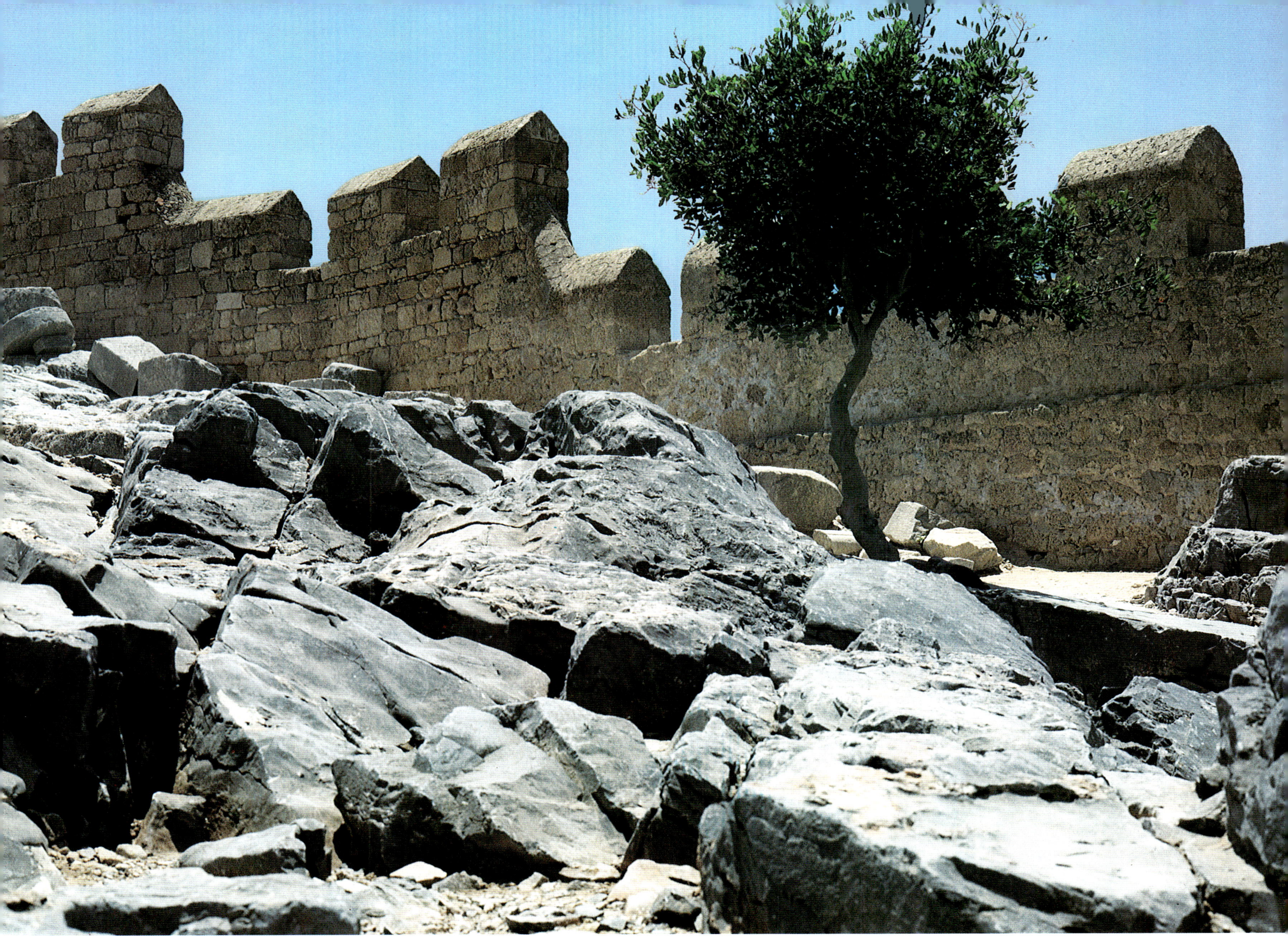

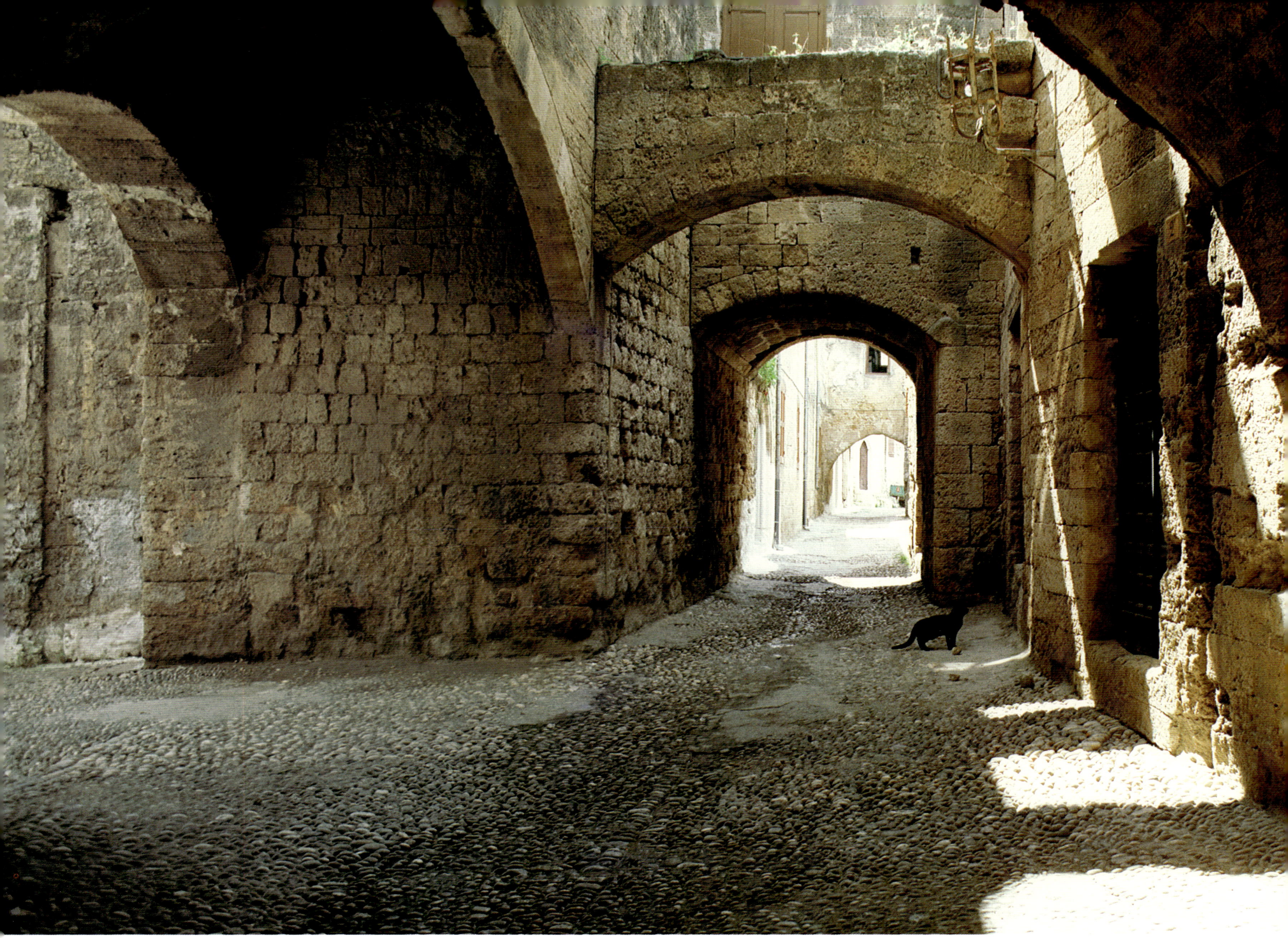

Dans la vieille ville, des arcs-boutants relient souvent les murs opposés d'une rue. Il est probable que ces arcades, construites autant sous les chevaliers que sous l'occupation turque, servaient de renforts contre les tremblements de terre dont deux furent célèbres : l'un, en 227 avant notre ère, fut la cause de l'écroulement du fameux colosse, et l'autre, en 1481, un an après le siège soutenu par Pierre d'Aubusson, endommagea une ville déjà gravement éprouvée.

Le chat mérite aussi quelque regard. Il serait, si l'on en croit Lawrence Durell, l'un des descendants des félins importés de Chypre après la dernière guerre, car les chats indigènes avaient tous été mangés par les habitants affamés. Ce qui avait provoqué une augmentation inquiétante du nombre des rongeurs.

PIERRE D'AUBUSSON ET MEHMET LE CONQUERANT

● Si chaque Langue, à Rhodes, représentait une partie de l'Europe, la défense de la ville obéissait au même principe : chaque Langue avait en charge une partie de l'enceinte. Les fortifications actuelles portent, pour l'essentiel, la marque de Pierre d'Aubusson : tours rondes, moins vulnérables au choc des boulets, épaississement des murs et parapets, aménagement de plates-formes pour permettre la riposte de l'artillerie, doublement des murs (à l'ouest) et des fossés qui, en raison de leur niveau, plus élevé que celui de la mer, ne furent jamais remplis d'eau.

● L'organisation de l'Ordre réservait traditionnellement une dignité à chacune de ses Langues. Ainsi le grand commandeur, second du grand maître, était de Provence. A l'Auvergne revenait la charge de grand maréchal, chef des armées de terre ; le grand amiral, de la Langue d'Italie, commandait la marine ; le turcopolier, de la Langue d'Angleterre, avait en charge la cavalerie et l'infanterie, et le grand bailli assurait la défense du château Saint-Pierre.

Sur ce plan, extrait du livre de l'abbé de Vertot, les lettres ajoutées permettent d'identifier les fortifications et les secteurs défendus par les différentes Langues.

Fortifications :

A. *Porte Sainte-Catherine*
B. *Tour d'Italie*
C. *Porte Saint-Jean, dite de Koskinou*
D. *Porte Saint-Athanase et tour Sainte-Marie*
E. *Tour d'Espagne*
F. *Tour Saint-Georges*
G. *Porte d'Amboise*
H. *Tour Saint-Pierre*
I. *Tour de Naillac (sur le plan, improprement nommée Saint-Michel)*
J. *Tour des Moulins (sur le plan, improprement nommée Saint-Jean)*
K. *Porte de la Marine*

Répartition de la défense des fortifications :

A à B. *Langue d'Italie*
B à C. *Langue de Provence*
C à D. *Langue d'Angleterre*
D à E. *Langue d'Espagne*
E à F. *Langue d'Auvergne*
F à G. *Langue d'Allemagne*
G à I. *Langue de France*
I à J. *Langue de Castille (?)*

PLAN DE RHODES

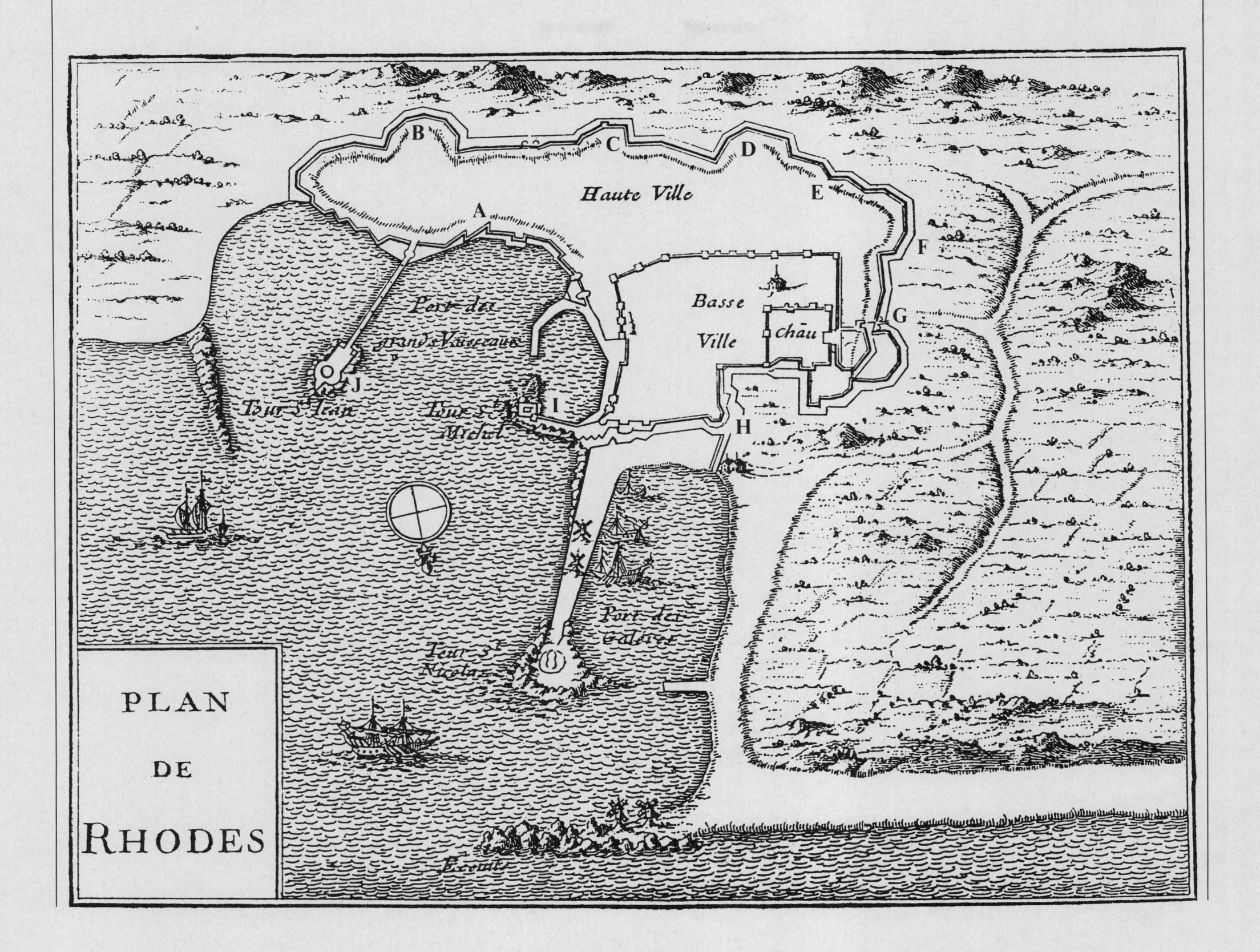

● « Mes très chers frères... Au milieu des périls dont Rhodes est menacée, nous n'avons point trouvé de secours plus assuré que la convocation générale de tous nos frères. L'ennemi est aux portes, le superbe Mahomet ne met plus de bornes à ses projets ambitieux : il a une multitude innombrable de soldats, d'excellents capitaines et des trésors immenses : tout cela est destiné contre nous. Il a juré notre perte... un nombre prodigieux de vaisseaux et de galères n'attendent plus que le printemps pour passer dans notre île... Revenez incessamment dans nos Etats... C'est votre mère qui vous appelle ; c'est une mère tendre qui vous a nourris et élevés dans son sein, qui se trouve en péril. Y aurait-il un seul chevalier assez dur pour l'abandonner à la fureur des barbares ? » Cette lettre de Pierre d'Aubusson (citée par Vertot), adressée à tous les membres de l'Ordre en 1478, était un appel au secours, car la menace ottomane se précisait. ● La ville avait résisté aux Egyptiens en 1444, puis aux Turcs, dans les deux années qui suivirent la prise de Constantinople. En effet, c'est en 1453 que Mehmet II, dit le Conquérant, s'était rendu maître d'une capitale qui, désormais, allait s'appeler Istanbul. Le sultan proposa à l'Ordre de conclure une paix moyennant le paiement d'un tribut, ce que Pierre d'Aubusson refusa. Le Conquérant décida alors d'en finir avec Rhodes.

Guillaume Caoursin, vice-chancelier, offre au grand maître Pierre d'Aubusson, entouré des membres du conseil de l'Ordre, l'ouvrage qui relate le siège que la ville dut soutenir, en 1480, contre Mehmet II.

Après Constantinople, qu'il venait de conquérir, le célèbre sultan avait ajouté à ses territoires la Serbie, puis Trébizonde, mettant fin à la dynastie des Comnènes. Ensuite, il avait envahi la Valachie, la Grèce, la Bosnie, mais avait échoué devant Belgrade en 1456.

Le Conquérant s'en prit ensuite avec succès aux Vénitiens et aux Génois, menaçant l'Italie du Sud en prenant Otrante.

Rhodes était une enclave intolérable dans l'empire ottoman, une redoutable puissance maritime gênant considérablement le commerce turc.

L'image ci-contre et celles qui suivent, jusqu'à la page 68, sont extraites du manuscrit dit de Caoursin, conservé à la Bibliothèque nationale, Paris.

Un premier débarquement eut lieu au début décembre 1479, mais il fut repoussé. Le 23 mai 1480, le grand vizir Misach Paléologue, un chrétien renégat, débarqua avec une armée de 100 000 hommes et mit aussitôt le siège devant Rhodes.

La cité est entièrement cernée, une véritable ville de toile entoure la forteresse. Les galères turques tentent de pénétrer dans le port de Mandraki mais les défenseurs du fort Saint-Nicolas les forcent à renoncer.

On voit nettement la chaîne immergée tendue entre la tour de Naillac et la tour des Moulins.

La vue cavalière de la ville, à l'évidence, a été faite par un artiste connaissant parfaitement les lieux : on distingue, à l'intérieur des murailles, l'enceinte du collachium, la rue des chevaliers et le palais du grand maître.

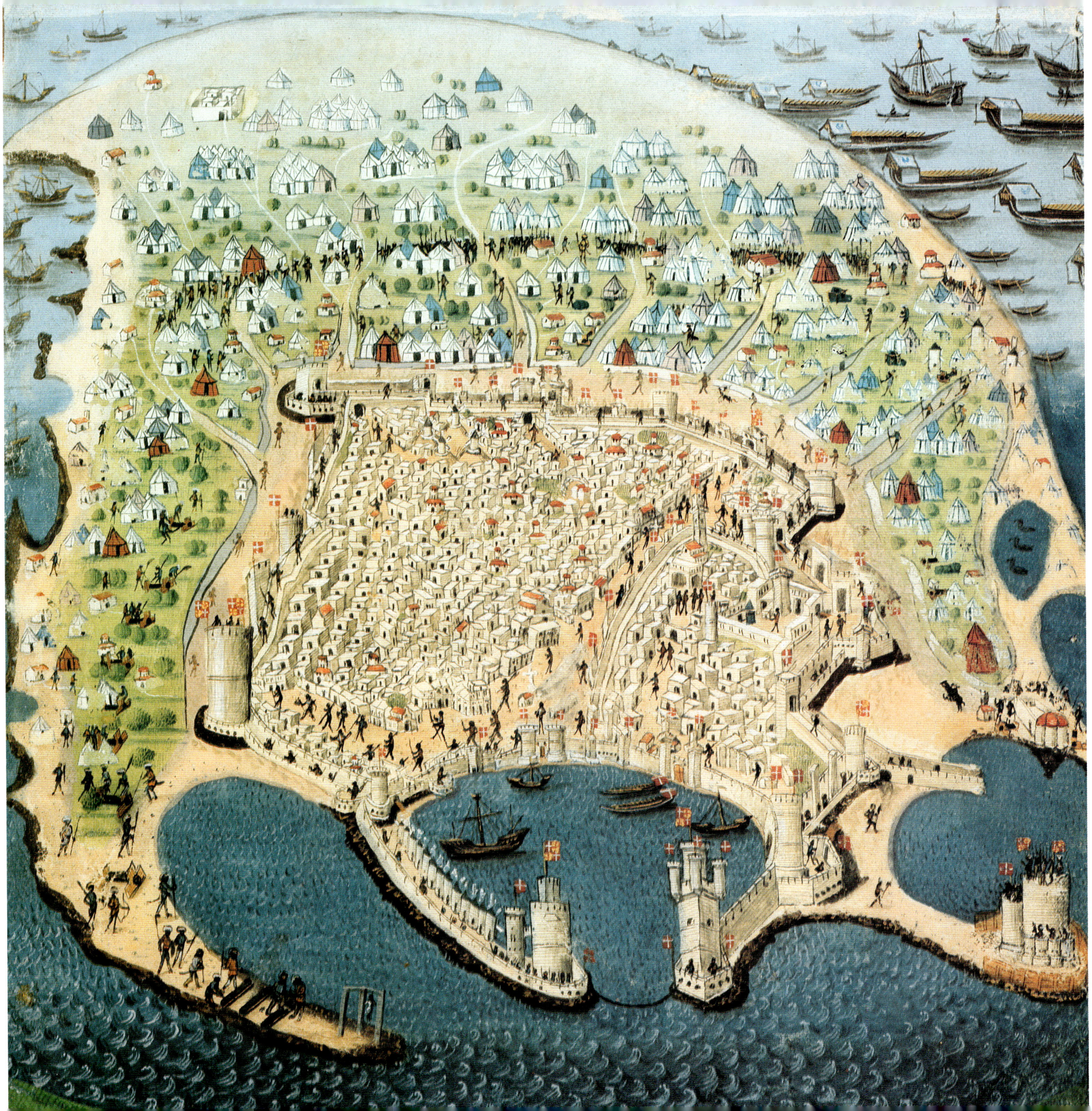

Alors que les artilleurs installent leurs canons, les sapeurs, armés de pelles, entreprennent de creuser leurs galeries jusqu'au pied des murailles.

Une contre-attaque de la cavalerie cause de grands ravages dans les rangs ennemis mais les Turcs, très nombreux, forcent les chrétiens à se réfugier dans la ville.

L'artillerie ottomane entre alors en action. Des bombardes réussissent à démolir le sommet des tours tandis que les chevaliers ripostent du haut des remparts à l'aide de couleuvrines.

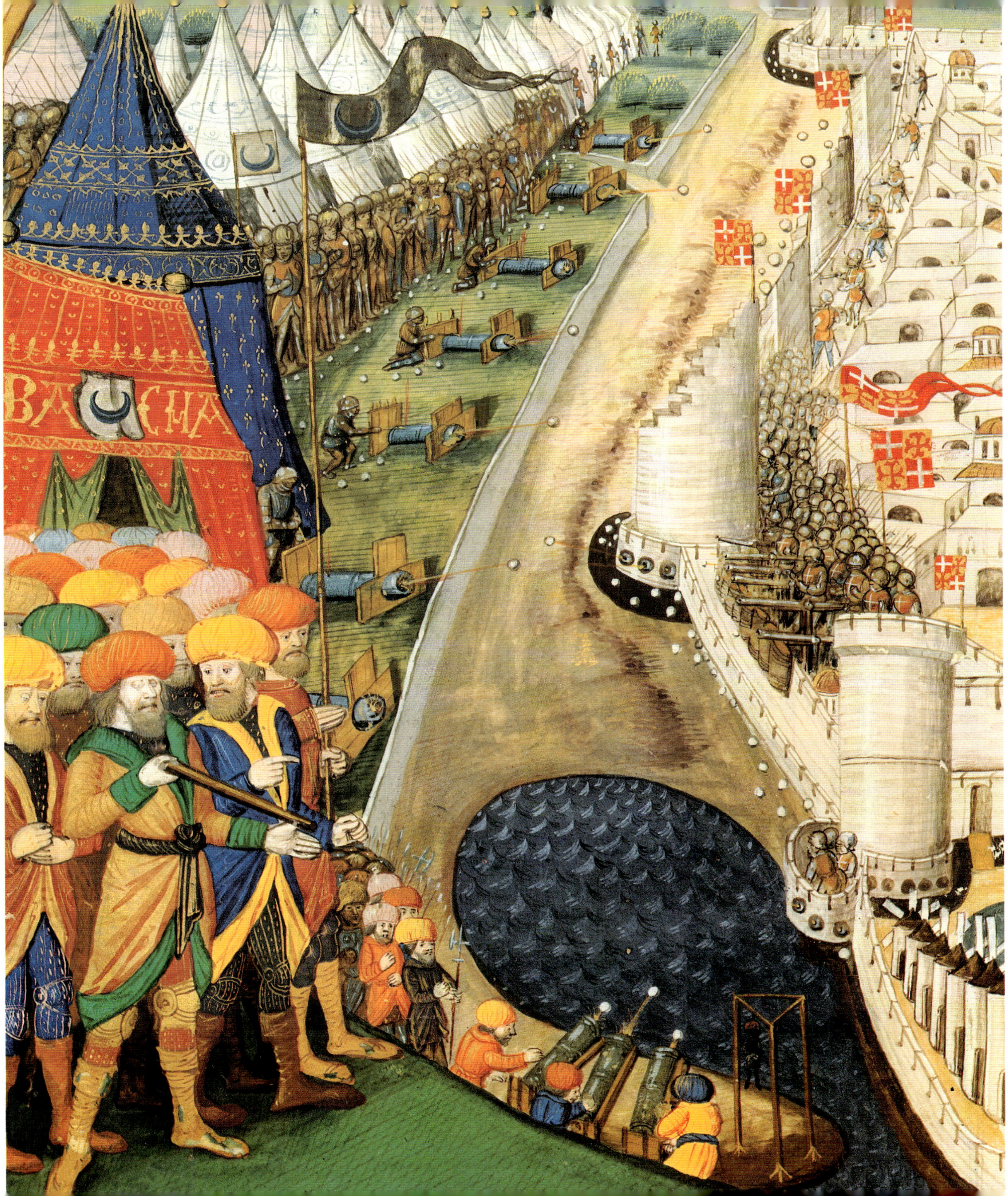
BA CHA

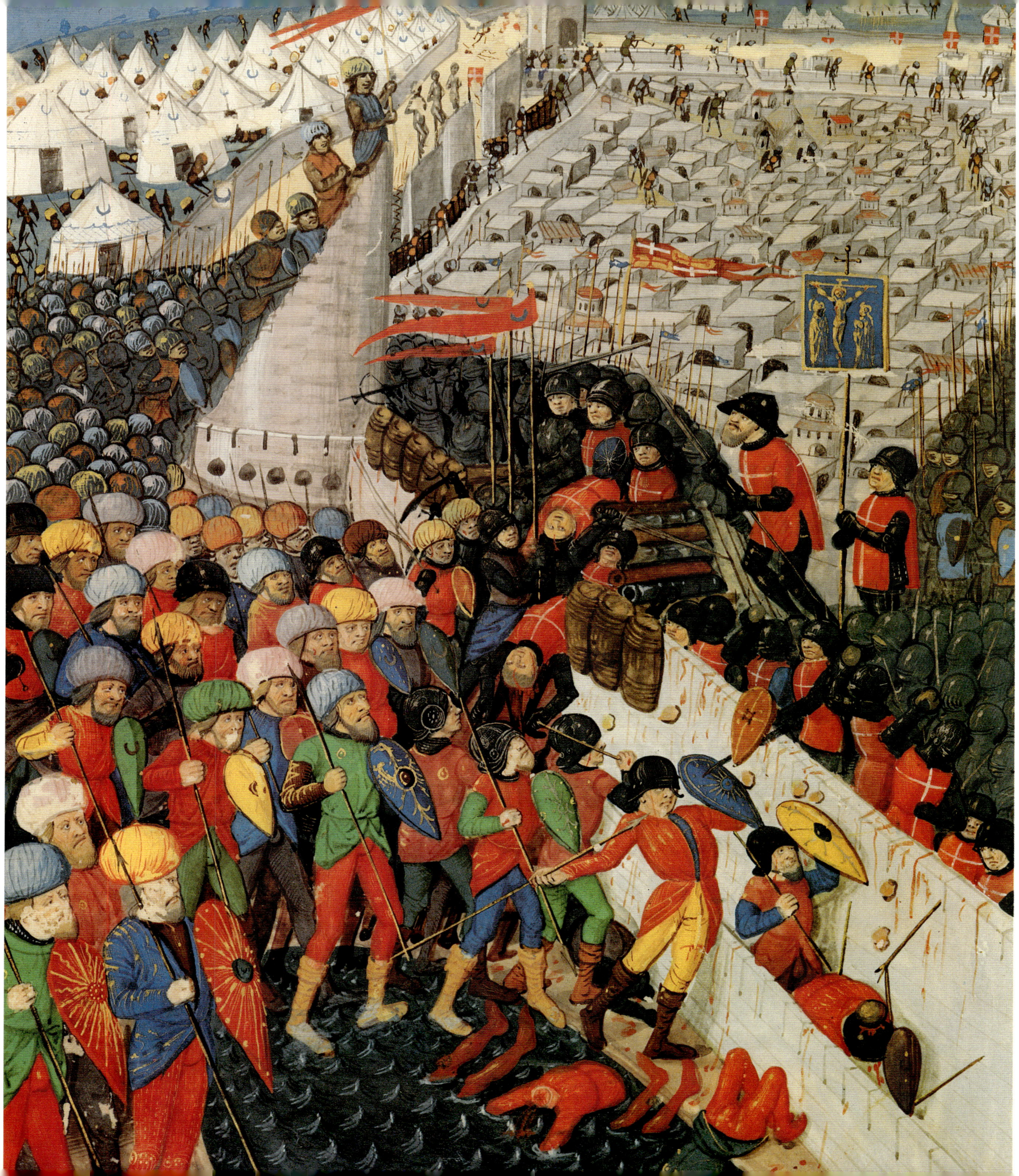

Le jour du grand assaut approche. Les Turcs, par la voix d'un héraut, menacent de raser la ville et d'obliger les chrétiens à abjurer leur foi.

Mais, au cours du siège, l'apparition de la Sainte Vierge sera pour les assiégés un présage de victoire.

Les Turcs lancent un assaut général le 6 des calendes d'août et qui porte essentiellement sur la tour d'Italie.

Le corps à corps est terrible. La bannière de Jésus-Christ ranime les courages tandis que Pierre d'Aubusson en personne monte en première ligne ; il y sera blessé.

Les Ottomans perdent plus de 4 500 hommes dans cet assaut.

Le spectacle qui suit la bataille n'est que l'horreur de toute guerre, et les Turcs, pour se venger, incendient les maisons et églises hors les murs.

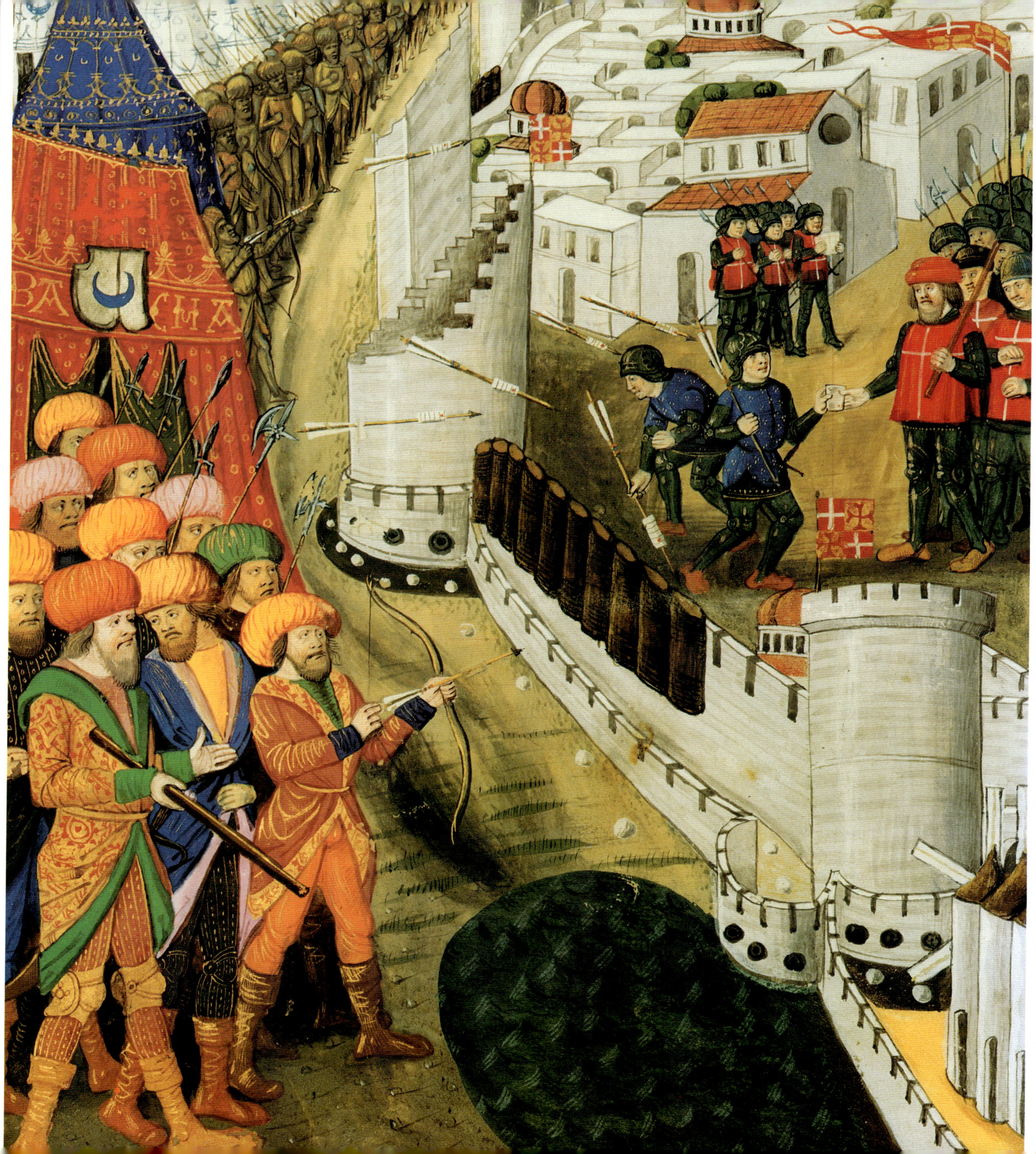
BA
CHA

*Mehmet II avait engagé
Georges Frapan, un ingénieur
allemand particulièrement
au fait de l'art
militaire. Il avait visité Rhodes
quelques années auparavant
et le plan qu'il avait relevé
permit aux Ottomans
de régler l'attaque de la ville.
  Mais un jour, durant
le siège, il se présenta devant
les remparts, demandant
la permission d'entrer :
il obéissait, affirmait-il, aux
reproches de sa conscience
et avait décidé, en bon chrétien,
de ne plus utiliser
sa science contre les siens
et de faire amende honorable
en offrant ses services
au grand maître.
  Pierre d'Aubusson, méfiant,
fait semblant d'accepter
ses propositions. C'est alors
que les Turcs, persuadés
du double jeu de leur espion,
le dénoncent en envoyant
des billets attachés
à leurs flèches. Discrédité dans
les deux camps, l'ingénieur
est livré à la
justice et aussitôt pendu.*

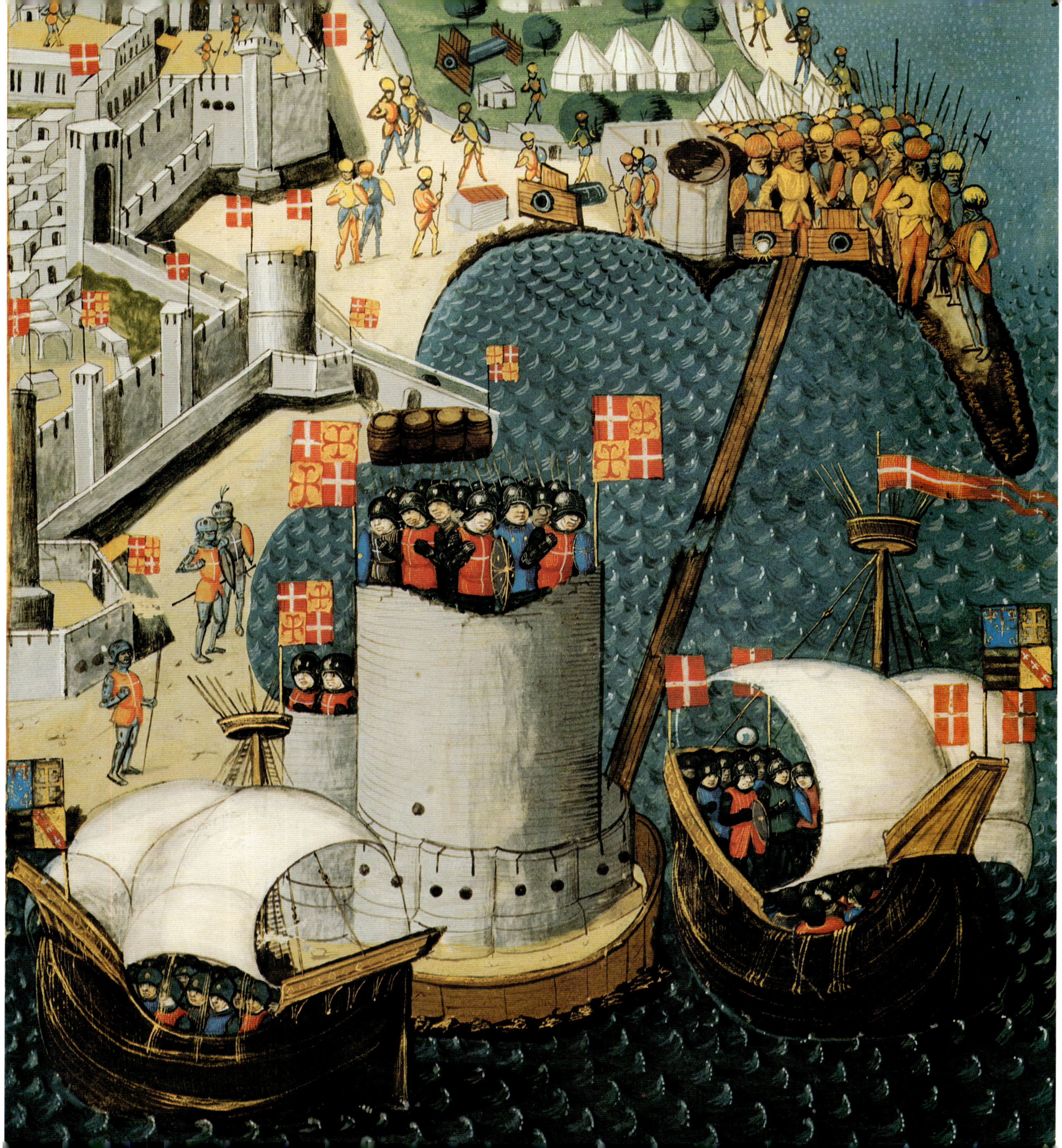

Un jour, à la première heure de l'après-midi, deux navires envoyés par le roi Ferdinand de Naples et Sicile se présentent à l'entrée du port.
Les Turcs, qui ont essayé, en vain, d'accéder au fort Saint-Nicolas à l'aide d'une passerelle flottant sur des tonneaux, se mettent à tirer : l'un des bateaux, endommagé, réussit à entrer dans le port ; mais l'autre s'échappe et gagne le large.
Comme un essaim de guêpes, les galères turques l'entourent et déchaînent une terrible canonnade. Miracle ! le capitaine de la flotte turque est tué et ses marins rompent le combat : le navire chrétien peut alors accoster.
Les deux nefs apportaient des lettres d'encouragement du pape Sixte IV, annonçant une grande expédition de secours.

Après trois mois de siège, les Turcs abandonnent, emportant chacun, à défaut de butin, un maigre balluchon. Un auteur turc attribua la défaite des Ottomans à l'avarice du pacha qui aurait déclaré que le trésor de Rhodes, après la victoire, serait la seule propriété du sultan. Une déclaration qui, sans doute, aurait refroidi le zèle des janissaires avides de pillage. Mehmet II disgracia Misach Paléologue, responsable de l'échec. De son côté, le pape éleva Pierre d'Aubusson à la dignité de cardinal.

Mehmet II mourut en 1481 laissant deux fils, Bajazet et Djem, prétendants au trône. Ce dernier (que les chrétiens appelèrent Zizim) se trouva dans l'obligation, pour échapper aux intentions meurtrières de son frère, devenu sultan grâce à l'appui des janissaires, de se réfugier à Rhodes, où Pierre d'Aubusson lui accorda protection (ci-dessus).

L'infortuné Zizim devint alors l'otage de la Chrétienté qui le retint prisonnier contre le versement d'un tribut annuel, tribut que son frère Bajazet s'empressait de verser, craignant le retour de son rival.

Zizim erra en Europe, de résidence en résidence forcée et mourut à Naples en 1495.

C'est en France, à Bourganeuf, que le séjour du célèbre prisonnier fit naître une légende : au XIXᵉ siècle, on découvrit au château de Boussac, dont Pierre d'Aubusson avait été le seigneur, la tapisserie de « la dame à la licorne » et l'on crut que Zizim avait été le commanditaire de cette œuvre, destinée à la dame de ses pensées. Les croissants figurant sur les drapeaux n'étaient-ils pas la signature d'un prince ottoman ? Pendant tout le XIXᵉ siècle, cette légende – on sut plus tard qu'elle était erronée – eut le don de séduire les amoureux d'histoires romantiques.

VILLIERS DE L'ISLE-ADAM ET SOLIMAN LE MAGNIFIQUE

● A la mort de Mehmet le Conquérant, en 1481, Bajazet II prit le pouvoir. Selim le Cruel, son successeur, assura par la conquête de la Syrie et de l'Egypte la suprématie de l'empire ottoman sur le monde musulman. Selim mourut, en 1520, laissant son trône à son fils Soliman, âgé de vingt-cinq ans. ● Pour le nouveau sultan, l'Europe, malgré ses problèmes internes, caressait toujours des rêves de croisade. Belgrade fut le premier objectif de l'offensive ottomane. En 1521, Soliman s'empara de la ville, ouvrant ainsi la perspective de futures conquêtes. Restait Rhodes, irritante enclave chrétienne. Villiers de l'Isle-Adam venait à peine d'en être élu grand maître. Soliman lui fit aussitôt parvenir un message (cité par Vertot) : « Je te félicite de ta nouvelle dignité, et de ton arrivée dans tes Etats : je souhaite que tu y règnes avec encore plus de gloire que tes prédécesseurs... Jouis donc de notre amitié et, comme notre ami, ne sois pas des derniers à nous féliciter des conquêtes que nous venons de faire en Hongrie, où nous nous sommes rendus maîtres de Belgrade, après avoir fait passer par le tranchant de notre redoutable épée tous ceux qui ont osé nous résister... » La menace était claire et Villiers de l'Isle-Adam adressa un appel au secours à François Ier qui envoya aussitôt une flotte ; malheureusement, elle fut détournée de son but car la guerre entre le roi de France et Charles

Quint venait d'éclater. ● Soliman, constatant que Rhodes ne pouvait plus compter que sur elle-même, adressa au grand maître une autre lettre, mais d'un ton différent : « Les brigandages que vous exercez... contre nos fidèles sujets... nous engagent à vous commander que vous ayez à nous remettre incessament l'île et la forteresse de Rhodes... » L'ultimatum fut sans effet. ● Le 5 juin 1522, la flotte turque quitta Istanbul et le 18 du même mois l'armée, conduite par Soliman, se dirigea par voie de terre vers la côte la plus proche de Rhodes. Le 1er août, l'armée ottomane ayant encerclé la ville, le siège commença. ● Du côté turc, une armée forte de 140 000 hommes, une formidable artillerie. ● Du côté de la ville, 650 chevaliers, 300 marins et environ 6 000 hommes de troupe. Soliman ordonna l'assaut général le 23 septembre. Ce jour fut terrible et le carnage monstrueux : le sultan perdit plus de 45 000 hommes et le découragement s'empara de ses troupes. ● Le Bâtard de Bourbon le raconte, dans sa relation du siège : « Les ennemis, voyant que par mines ils n'avançaient rien... furent en délibération de lever leur camp et de s'en aller. Et de fait... il y en eut qui emportèrent leur cariage... Et aussi quelques nombres de gens qui avec leurs enseignes sortirent de leurs tranchées, et allèrent droit aux navires... » ● Ce jour-là, à Rhodes, on crut à la victoire...

● S'il faut des gens dans toute guerre,
pour porter lances et cimeterres,
il faut aussi des gens d'images,
pour témoigner
des sanglantes mêlées des chevaliers,
des turcopoles et janissaires,
des coups terribles des bombardes
éventrant les épaisses murailles,
des combats sans merci
des hautaines caraques et des longues
galères...

● Sans doute à Rhodes, en ce temps-là,
aurais-je été de ces gens-là,
peintre passionné des jeux de la lumière,
rêvant d'enluminer de bleus céruléens,
de rouges d'oriflammes
les remparts tout à coup désertés.

● Est-il plus noble, plus vaste
parchemin que les murs
de Rhodes pour y célébrer l'éclatante
victoire des chevaliers du Christ ?

Tout d'abord, je peindrais
le portrait
du vénéré grand maître,
Philippe de Villiers de l'Isle-Adam,
glorieux défenseur
de la ville de Rhodes.

*Commandeur de Troyes, procureur
du commun trésor du prieuré de France, Philippe
de Villiers de l'Isle-Adam était devenu
grand prieur de la Langue
de France quand survint la mort du grand
maître Fabrizio del Carretto en 1521.
Le chapitre eut alors
à choisir entre trois chevaliers : Thomas d'Ocray,
grand prieur d'Angleterre,
André d'Amaral, grand prieur de Castille
et Philippe de Villiers de l'Isle-Adam. Ce dernier
fut porté à la dignité de grand maître
de l'Ordre. Il avait cinquante-sept ans.*

73

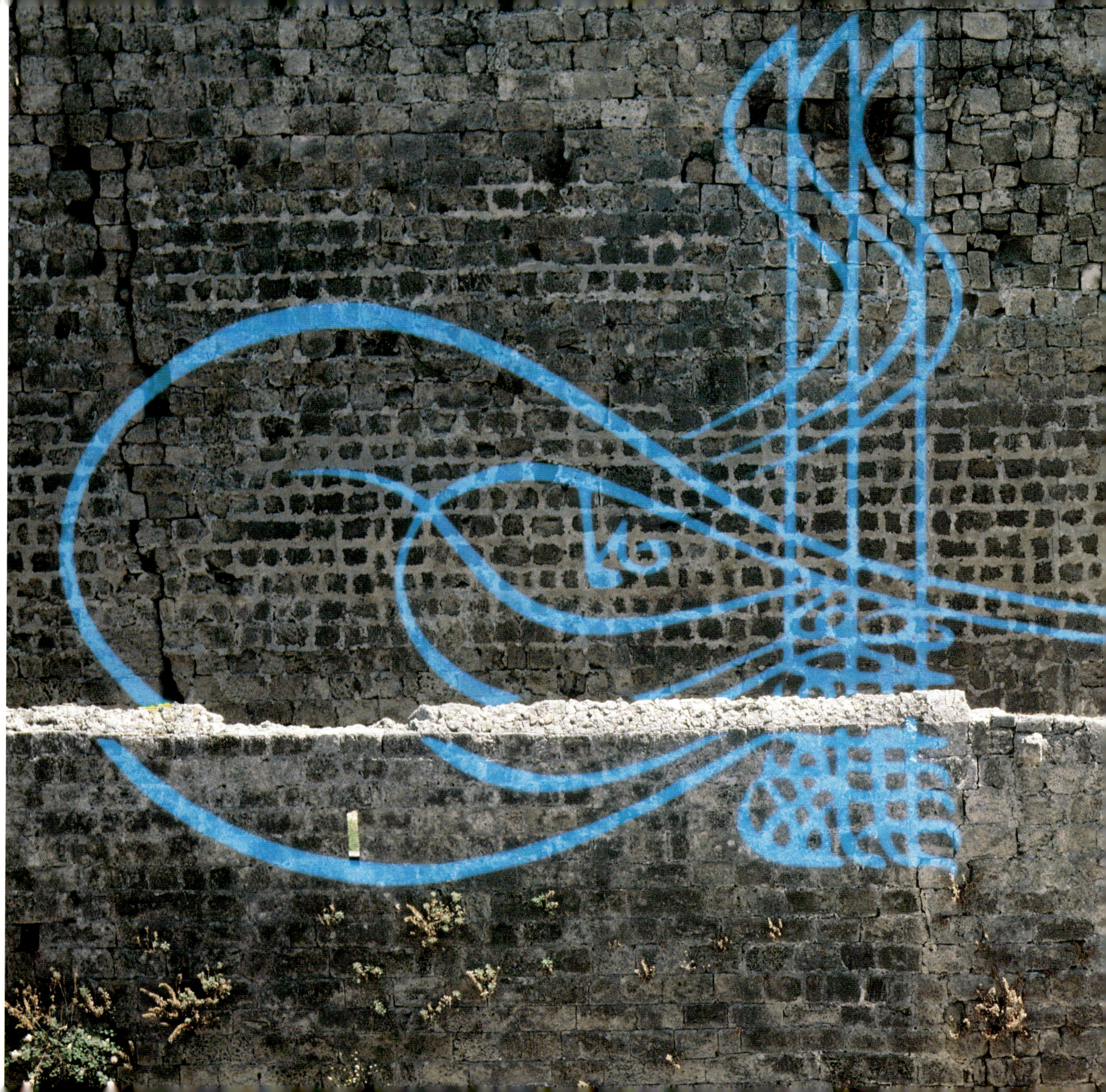

De Soliman sultan, nommé
le Magnifique, que je n'avais point
vu, à peine deviné, de loin,
du haut de nos murailles,
je copierais le superbe paraphe,
orgueilleuse tugra,
aux bannières flottant comme
sur mâts de galères.

*La « tugra » de Soliman était le monogramme
du sultan qui figurait
en tête des « firman » ou décrets impériaux.
Son exécution était réservée à des membres
titulaires du « divan » (conseil d'Etat).
Admirable calligraphie, résultat d'un savant
enchevêtrement de mots,
cette tugra signifie : « Soliman Chah, fils de Selim
Chah Khan le toujours victorieux ».
Mais l'orgueil du souverain ne s'exprimait
pas seulement par une superbe
calligraphique. L'abbé de Vertot cite
« l'avant-propos » de la lettre écrite à Villiers
de l'Isle-Adam (cf. p. 70) :
« Soliman sultan, par la grâce de Dieu roi des
rois, très grand empereur de Byzance
et de Trébizonde, très puissant roi de Perse,
de l'Arabie, de la Syrie et de l'Egypte, seigneur
suprême de l'Europe et de l'Asie,
prince de la Mecque et d'Alep, possesseur
de Jérusalem, et dominateur de la mer universelle,
à Philippe de Villiers de l'Isle-Adam,
grand maître de l'Isle de Rhodes, salut. »*

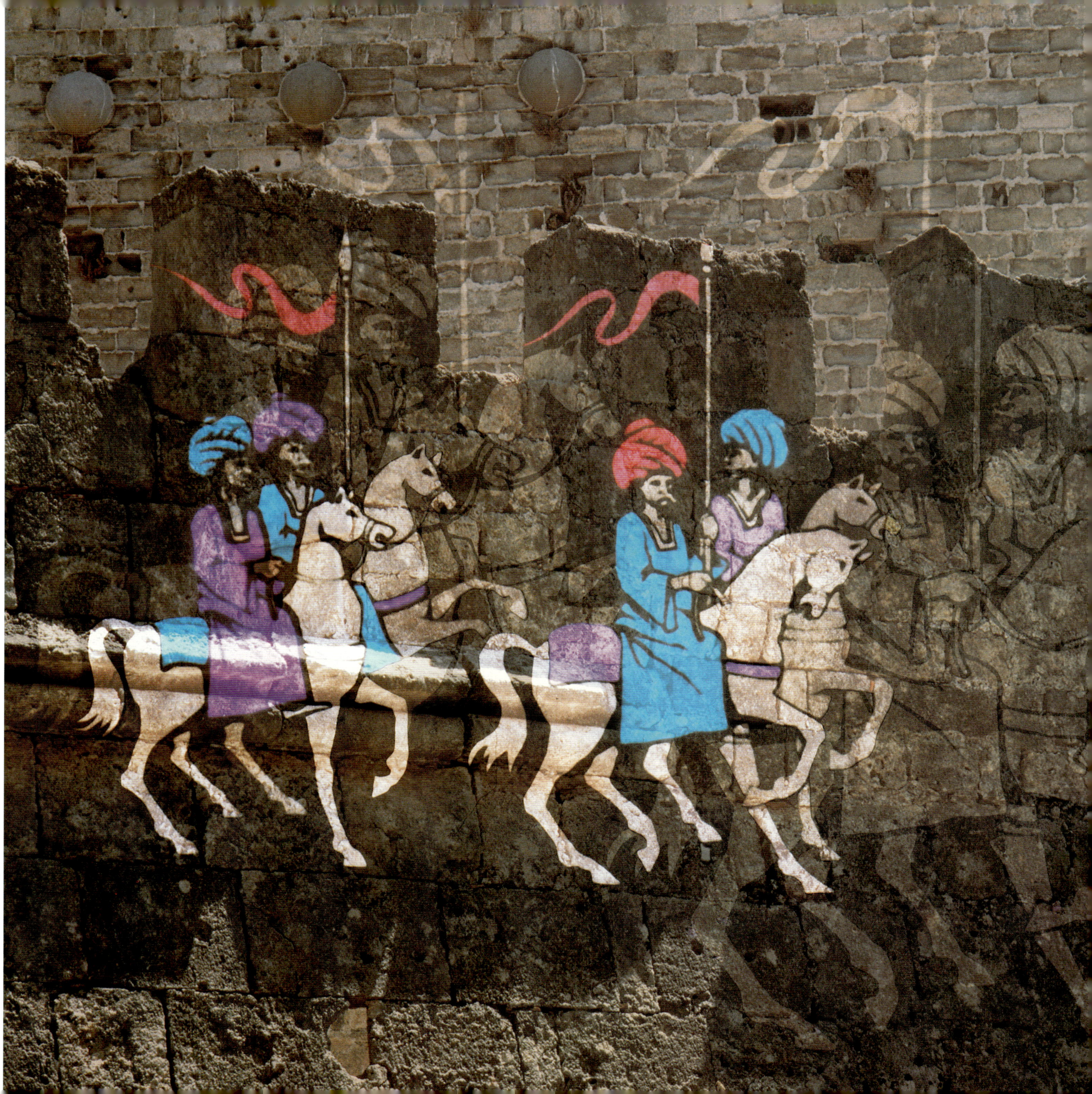

Les galères ottomanes
amenaient par milliers,
sur les plages
de Rhodes, sapeurs et canonniers,
spahis et janissaires
qui plantaient des tentes
aux couleurs orientales,
dont l'une, la plus belle, attendait
Soliman.

*L'armée ottomane était composée d'un corps
de cavaliers, les timariotes (ou spahis de province)
qui, en échange du droit d'exploiter
une terre, devaient assistance militaire au sultan,
et de deux corps d'esclaves, constituant
une force permanente : les spahis de la Porte
et les janissaires.*
*Ces derniers furent les fantassins les plus célèbres
de l'armée turque, et les plus redoutés,
non seulement du camp adverse, mais aussi des
sultans qui durent souvent pactiser
avec eux, tant leur influence était redoutable.*
*Ils étaient recrutés, comme les spahis de la Porte,
selon la procédure de la « levée des enfants »
qui s'exerçait sur les familles chrétiennes vivant
dans les provinces soumises au pouvoir ottoman.*
*Envoyés à Istanbul, ces enfants mâles,
convertis à l'Islam, devenaient, selon leurs capacités,
fonctionnaires, spahis ou janissaires.*
*Janissaires, ils étaient soumis à une discipline
de fer et emportaient souvent la décision
dans les batailles, en
intervenant après la cavalerie et l'artillerie.*

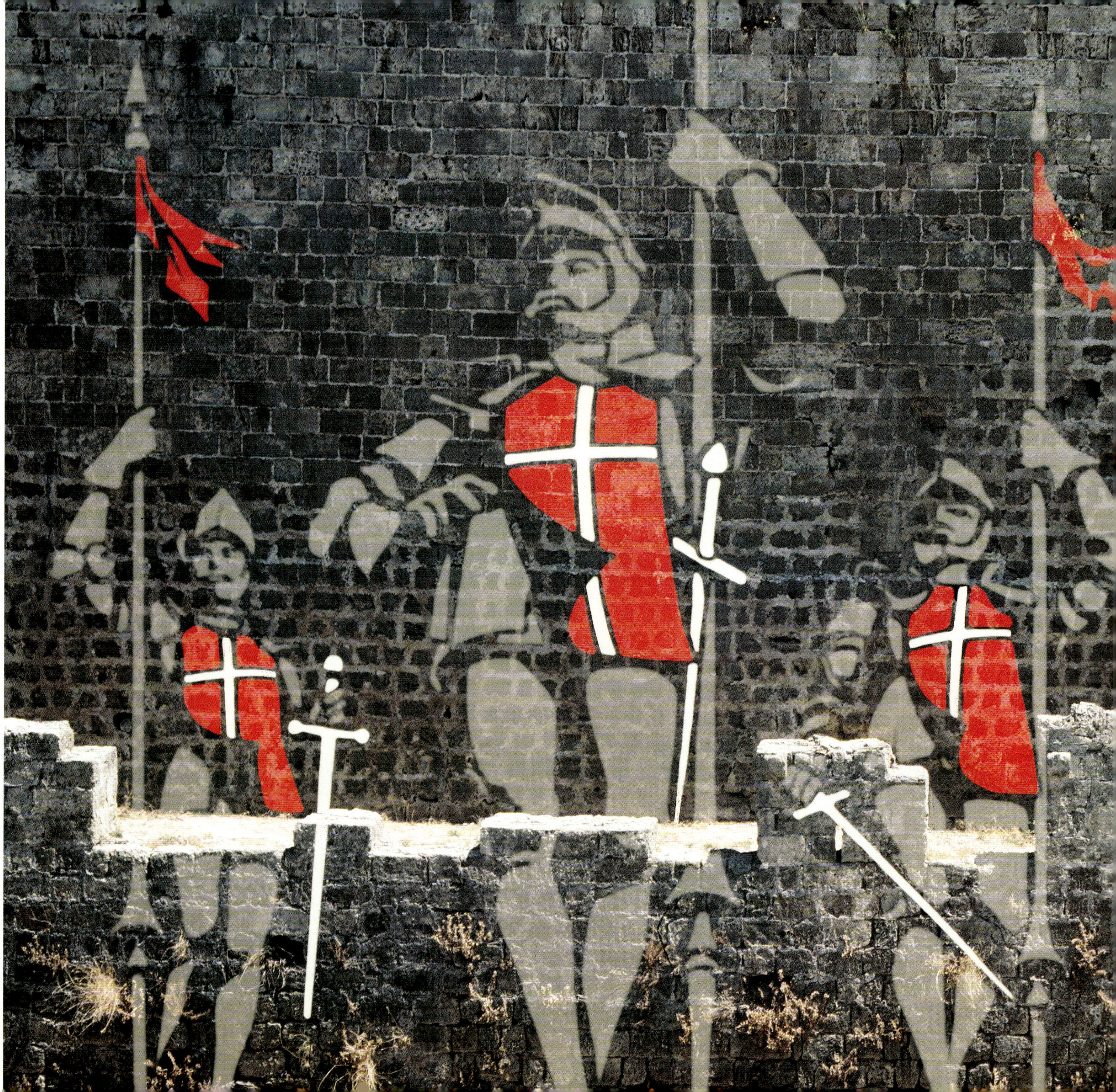

Mais du haut des murailles,
vêtus de leurs sombres armures,
la soubreveste rouge
flottant au vent d'Anatolie,
ils étaient là,
les chevaliers d'éternelle
croisade,
barrant, une fois de plus, la route
à l'Infidèle.

*L'utilisation de l'artillerie modifia
profondément les règles de l'art militaire, autant
pour la protection individuelle
du combattant que pour celle des villes.*

*Les armures ottomanes – cottes de mailles,
casques, boucliers et, pour
les chevaux, lamelles d'acier, étaient bien plus
légères que les lourdes carapaces
des chevaliers.*

*L'adaptation des fortifications aux nouvelles
techniques demanda la participation
d'ingénieurs. Pierre d'Aubusson avait reçu
une telle formation. Villiers de l'Isle-Adam,
en recherchant un talent similaire, fit
appel à un ingénieur vénitien, Gabriele Martinengo.*

*C'est ce dernier qui inventa un
système de détection des travaux de sape
de l'ennemi en disposant sur le sol des peaux
tendues sur des cadres de bois
à la manière d'un tambour. Sur cette peau,
l'intensité de la vibration des grains de sable
permettait de déceler le trajet
souterrain des sapeurs et d'entreprendre
des contre-sapes.*

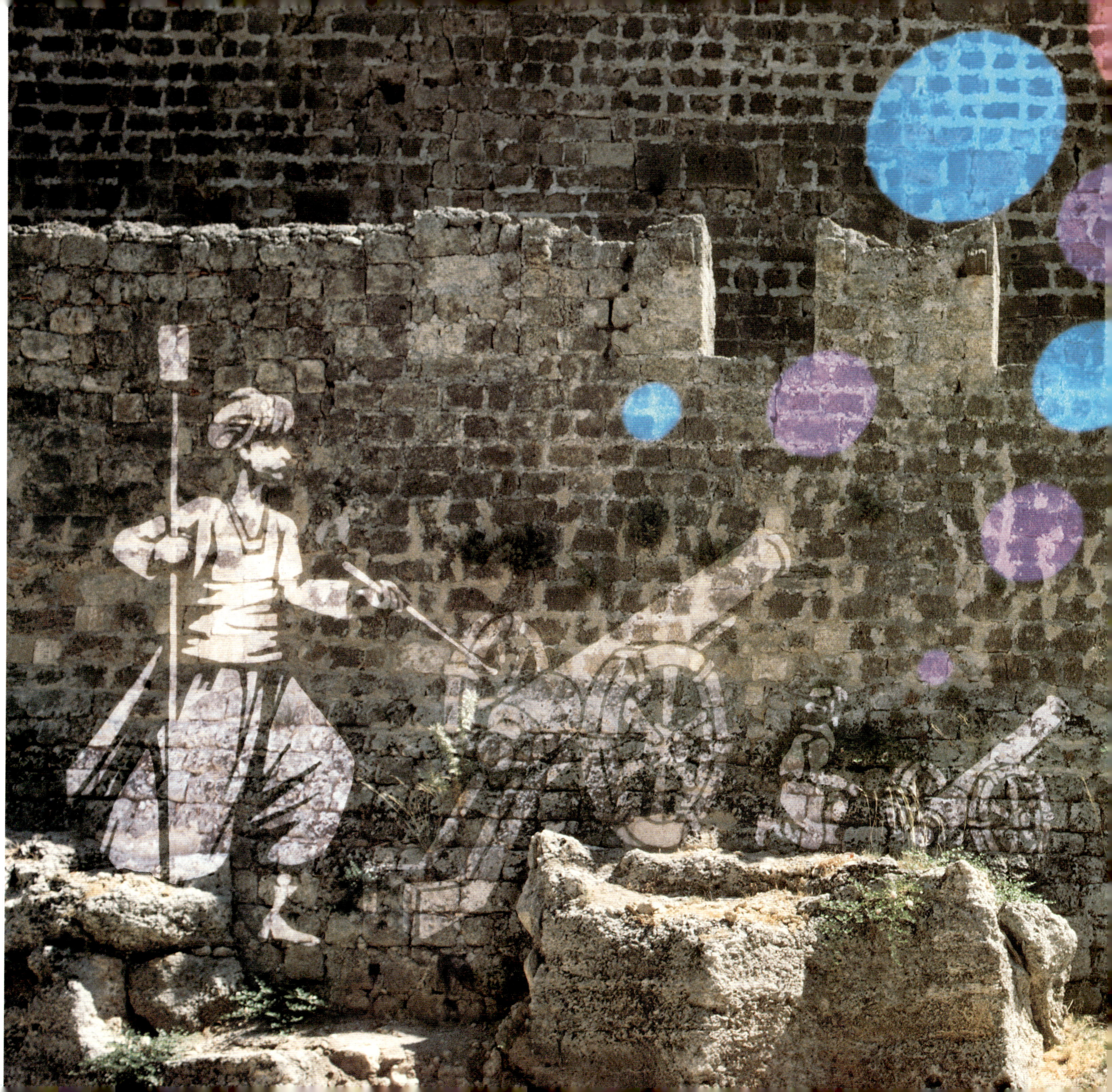

Boulets de pierre, boulets de fer fracassaient les merlons des énormes bastions, tandis que sous la terre les sapeurs, sournoise armée de taupes innombrables, avançaient leurs galeries jusqu'au pied des altières murailles.

En 1480, les canons turcs sont de simples bombardes maintenues, à l'avant et à l'arrière, par de solides panneaux de bois (cf. les illustrations de Caoursin). En 1522, les pièces d'artillerie sont souvent montées sur roues.

Concernant l'importance de l'artillerie des parties adverses au cours de ce siège, les estimations varient.

Il y a un siècle, on pouvait encore compter une trentaine de pièces de l'Ordre sur les remparts.

Selon le Bâtard de Bourbon, les Turcs auraient disposé de 42 grosses pièces dont 2 tiraient des boulets de 30 cm. En tout, plus de 130 bouches à feu pilonnèrent la cité. Pendant longtemps, la formidable puissance de leur artillerie allait assurer la suprématie des Ottomans.

Si les canons de Soliman étaient principalement coulés à Istanbul, ou récupérés sur l'ennemi, ceux de l'Ordre provenaient d'Europe, et même de Rhodes.

Par deux fois, de Candie,
de Lindos,
des secours arrivèrent, aussitôt
assaillis des
guêpes ottomanes, agiles
et perfides galères qui explosaient
comme bottes de vulgaires
fétus sous les coups meurtriers
de nos fières caraques.

*La flotte turque était presque exclusivement
composée de galères. L'Ordre en comptait
beaucoup mais possédait aussi
des vaisseaux « ronds », nefs ou caraques.
Ce constrate des formes navales était déjà
visible en 1480, sur les enluminures
du manuscrit de Caoursin.
Les galères – comme les caraques – étaient
armées de pièces d'artillerie et
se livraient à de violentes canonnades
avant de se risquer à l'abordage. Si elles étaient
rapides, faciles à manier, leur légèreté
les rendaient cependant vulnérables
aux fortes vagues, ce qui diminuait la fréquence
de leurs sorties pendant la mauvaise saison.
Les rameurs turcs accueillaient
dans leurs rangs des condamnés de droit commun
et surtout des hommes « levés » dans
les provinces ottomanes et qui recevaient
un salaire. Les Turcs n'utilisaient pratiquement
pas, pour cette fonction, de prisonniers chrétiens.
L'Ordre, de son côté, recrutait
des rameurs professionnels, réservant d'autres
tâches aux prisonniers : « En la ville
estoyent cent Mores et Turcs qui faisaient
les fossés, murailles et aultres forteresses », relate
un voyageur qui visita Rhodes en 1512.*

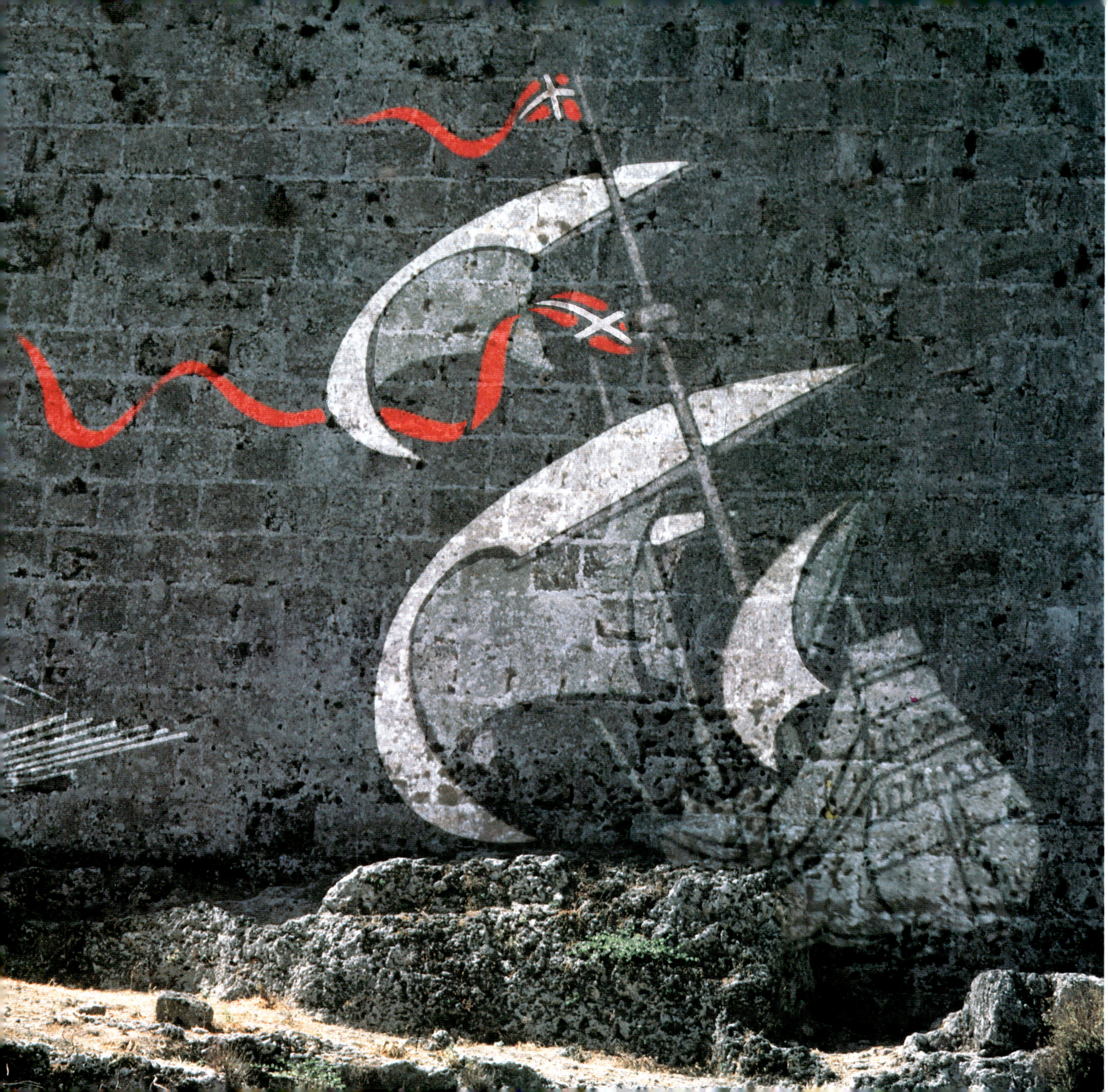

84

Autrefois, Dieudonné
de Gozon, avant
qu'il fût grand maître, avait traqué
et vaincu un énorme dragon.
Le dragon d'aujourd'hui n'est-il
pas l'Infidèle, rejeté
à la mer
par les preux chevaliers ?

*Il advint, sous le magistère d'Hélion
de Villeneuve, qu'une horrible bête, serpent
gigantesque ou monstre fabuleux, se mit à hanter
les marais proches de la ville, causant
des ravages dans les troupeaux et même la mort
de pâtres imprudents. Des chevaliers
avaient même essayé de le tuer, mais aucun d'entre
eux n'était revenu.*

*Le grand maître avait donc ordonné
formellement d'abandonner toute chasse au monstre
et l'interdiction fut respectée de tous.*

*De tous, sauf du chevalier Dieudonné de Gozon,
de la Langue de Provence qui, sans
dévoiler son projet, retourna en France,
dans son Languedoc natal. Là, il fit faire
une « réplique » du monstre en bois et en carton
et dressa deux dogues à attaquer le ventre
de la bête. Puis il revint à Rhodes avec ses chiens.*

*Arrivé au couvent, il ne dévoila
son intention de tuer le monstre qu'à deux
domestiques à qui il demanda de l'accompagner :
ils pourraient ainsi témoigner plus tard
de sa victoire – ou de sa défaite.*

*Le combat fut rude et le chevalier faillit bien
y laisser la vie, mais grâce à la hargne des
chiens qui mordaient le ventre de la bête,
il réussit à occire ce qui devait bien être
un crocodile. Lorsque l'animal tomba raide mort,
il aurait écrasé le chevalier
si les domestiques ne l'avaient dégagé.*

*Quand Dieudonné revint au château, ce fut,
à sa grande stupeur, pour y subir l'ire du grand
maître, furieux de sa désobéissance.
Le chevalier fut jeté en prison, privé même
de son habit conventuel.*

*Mais Hélion de Villeneuve lui pardonna
bien vite, tant la valeur de l'exploit avait
ému le peuple. A la mort du grand maître,
Dieudonné de Gozon profita sans
doute de son prestige de vainqueur du monstre
pour accéder au grand magistère.*

LA TRAHISON D'ANDRE D'AMARAL

● Le silence qui suivit le fracas des bombardes, le spectacle des janissaires levant le camp avaient fait naître un fol espoir. Mais, curieusement, « ils commencèrent de nouveau à tirer artillerie plus fort que jamais »[1]. Ce n'est qu'à la fin d'octobre qu'on en sut les raisons : un nommé Blafdiez, serviteur du frère André d'Amaral avait été surpris sur le boulevard d'Auvergne avec une arbalète, « à une heure incompétente »[1]. Conduit devant les juges, il confessa la trahison de son maître qui « écrivit une lettre aux pachas les exhortant à demeurer et leur disant qu'au long aller la ville serait à eux... Les pachas et capitaines délibérèrent de non partir, notifiant à tous ceux du camp les nouvelles qu'ils avaient eues de la ville pour leur donner bon courage et vouloir de demeurer »[1]. ● André d'Amaral, chancelier de l'Ordre et grand prieur de Castille, s'était trouvé candidat au grand magistère en même temps que Villiers de l'Isle-Adam ; ce dernier fut élu et d'Amaral en conçut une haine si féroce qu'il lui échappa de prédire que Villiers serait le dernier grand maître de Rhodes. Le chancelier et son serviteur furent jugés et exécutés. ● Dans la forteresse, la poudre venait à manquer, malgré les affirmations d'Amaral qui, avant l'attaque, avait assuré qu'elle était en quantité suffisante pour soutenir un siège d'un an. ● Les combats durèrent jusqu'à la mi-décembre, quand les propositions de reddition de l'Isle-Adam furent acceptées par Soliman : les chevaliers quitteraient l'île dans les douze jours, les lieux de culte seraient respectés, les chrétiens restant à Rhodes seraient pendant cinq ans exemptés d'impôt et de la « levée des enfants ». ● Mais le 25 décembre, au matin, les janissaires entrèrent dans la ville, pillèrent des maisons, se livrant aux pires excès, profanant les églises, surtout celle de Saint-Jean, où ils éventrèrent les tombeaux des grands maîtres, croyant y trouver des trésors. L'hôpital ne fut pas épargné : les malades furent chassés et la vaisselle d'argent pillée. Sur plainte du grand maître, l'aga des janissaires fut obligé de mettre un terme aux exactions. ● Le 26 décembre, Villiers de l'Isle-Adam demanda une audience au sultan : il ne fut admis qu'après l'attente d'une longue journée, par un froid rigoureux. Soliman lui annonça que « s'il voulait embrasser la Loi, il n'y avait ni charges, ni dignités dans l'étendue de son empire dont il ne fût disposé à le gratifier »[2]. Mais le grand maître, en bon chrétien, déclina aussitôt ces propositions. « Ce n'est pas sans quelque peine, confia Soliman à l'un de ses généraux, que j'oblige ce chrétien, à son âge, à sortir de sa maison »[2]. ● Le 1er janvier 1523, à minuit, Villiers de l'Isle-Adam s'embarquait avec 200 chevaliers et 4 000 habitants de l'île.

1 : cité par le Bâtard de Bourbon. 2 : cité par l'abbé de Vertot.

LA VILLE TURQUE

Dans la ville devenue turque s'installe un nouvel ordre social.

Si les chrétiens ont le droit d'y travailler et d'y tenir boutique, ils doivent quitter la ville avant le coucher du soleil. Un coup de canon est le signal de la fermeture des portes, qui restaient closes le vendredi, jour de la prière. Une amende sanctionne la première entorse à la règle, une bastonnade s'applique en cas de récidive.

Car seuls les Juifs et les Turcs ont le droit de demeurer la nuit dans la cité.

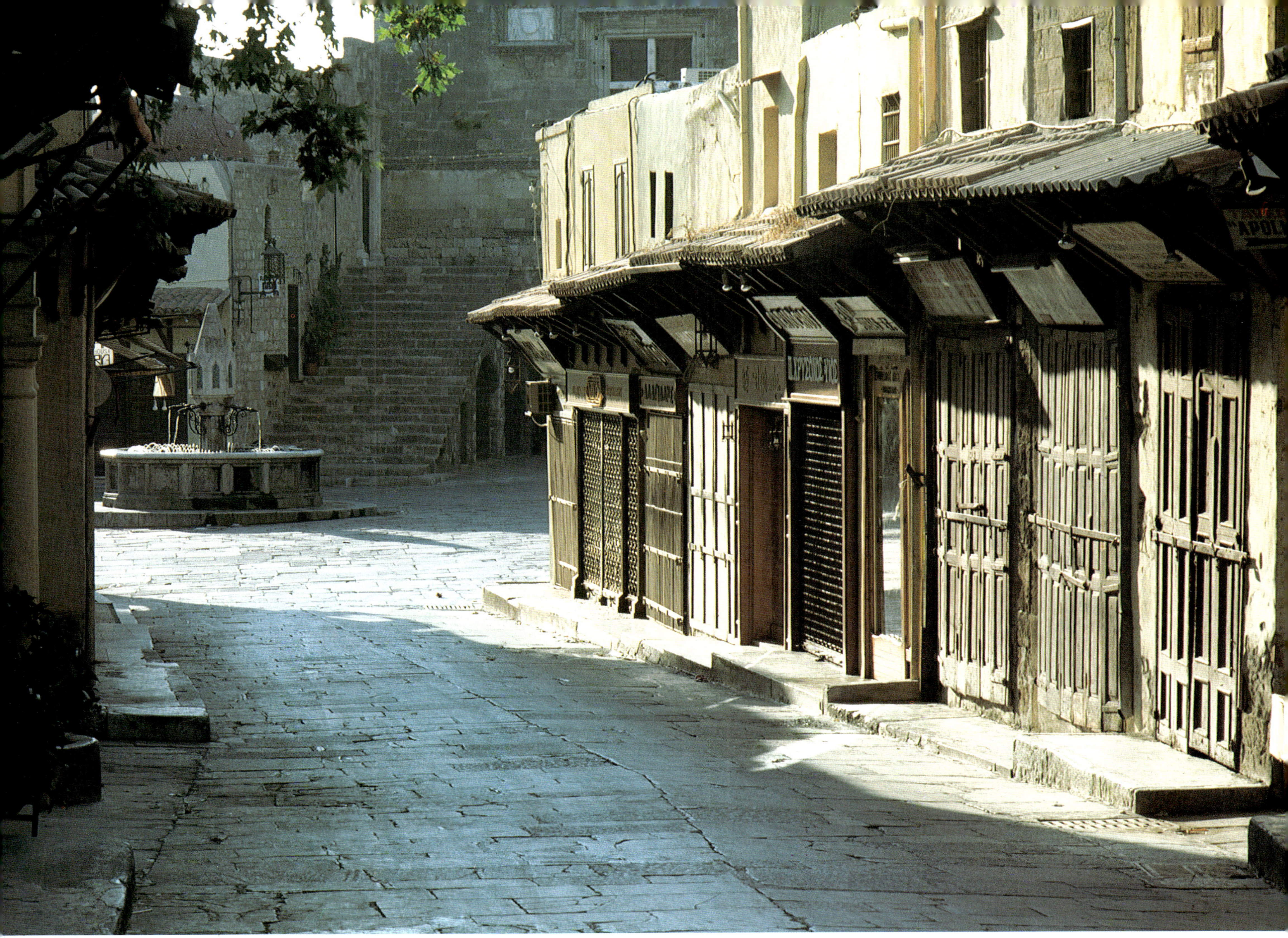

Les quartiers extérieurs de Rhodes étaient déjà bâtis au temps des chevaliers. Détruits, pour des raisons tactiques, avant le siège de 1522, ils furent reconstruits, sous l'occupation turque, par les chrétiens restés dans l'île. Dans la ville, les églises devinrent des mosquées et, souvent, leur nom tomba si bien dans l'oubli que seule subsistait l'appellation turque quand elles furent rendues à leur culte d'origine.

La mosquée Murat Reis (p. 90), du nom de l'amiral turc tué au cours du siège de 1522.

Le minaret et les coupoles de la mosquée de Soliman, reconstruite au XIXᵉ siècle.

Si les mosquées qui furent construites, avec leurs minarets aux pointes acérées, donnent à la ville une surprenante couleur orientale, elles ne sont qu'un reflet des splendeurs d'Istanbul, dont l'influence laissa cependant d'autres traces : fontaines, au décor d'Iznik, bains publics et cimetières, plus modestes que ceux de la Corne d'Or, mais plantés des mêmes stèles chapeautées de flammes et de turbans.

Eglise byzantine du XVe siècle (p. 92), dont les arcatures portent la marque de l'influence gothique. Les Turcs en firent une mosquée. De cette époque subsistent son nom, Dolaply Mesdjidi ; les empreintes, sur la façade, de deux croix arrachées et la base d'un minaret.

Détail de la mosquée de Soliman.

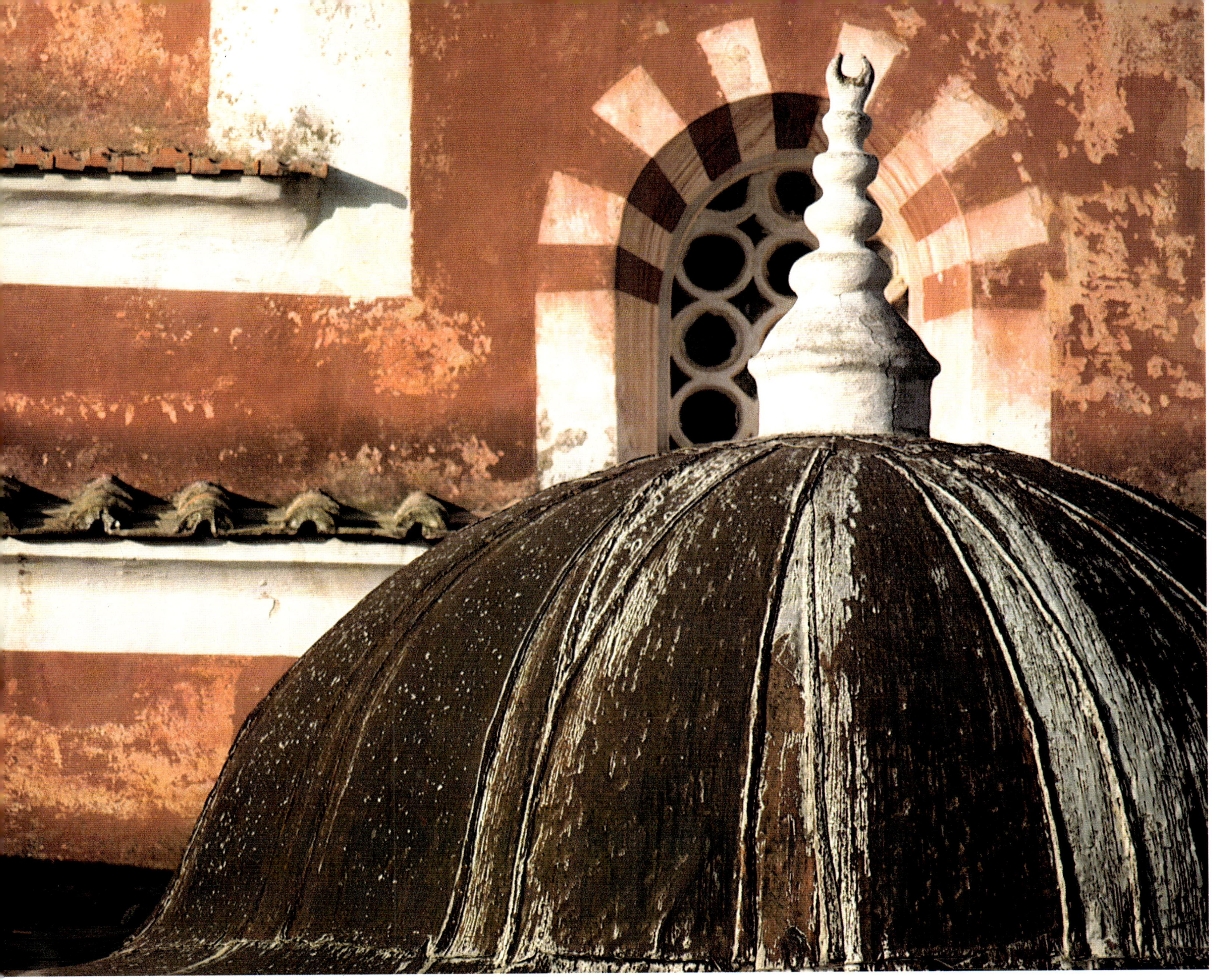

Fontaine turque (ci-dessus) en face de la porte de la Liberté et détails des panneaux de marbre d'un puits de la même époque (à côté du hammam de Mustapha).

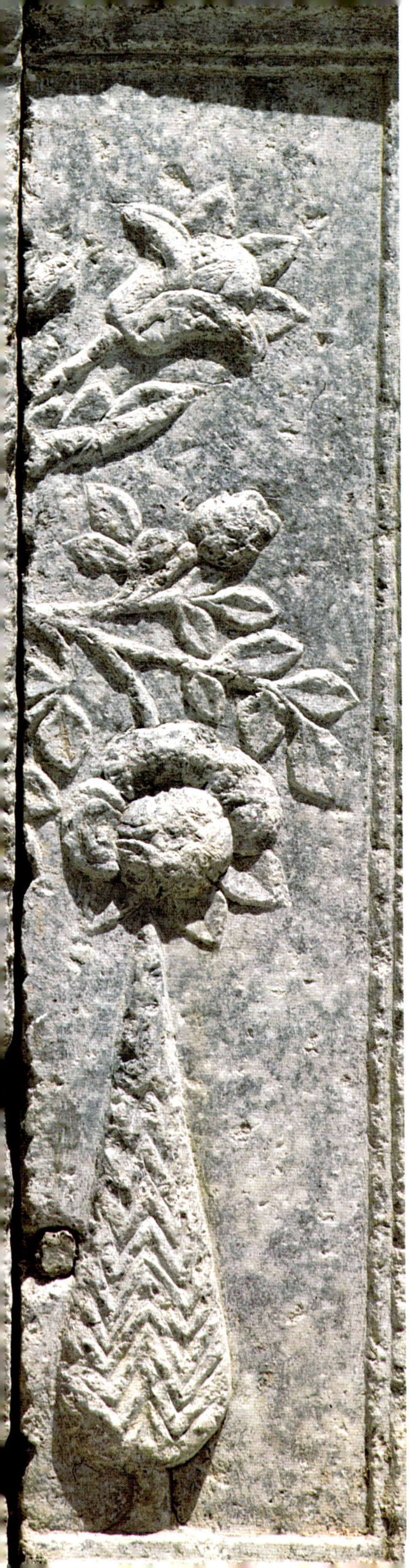
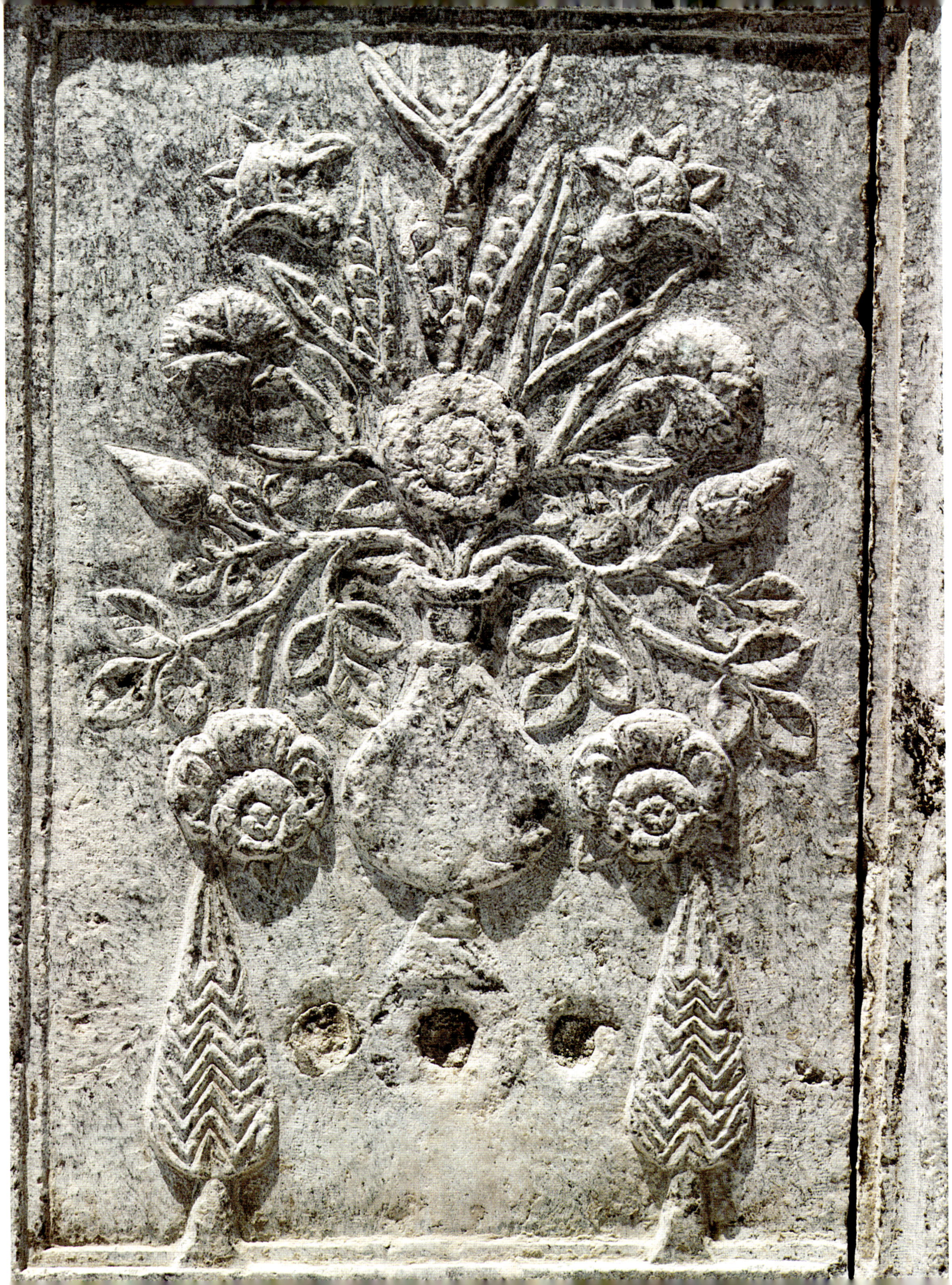

En 1854, un voyageur français, Guérin, avait été reçu à Rhodes par le pacha Ismaïl. Comme il s'inquiétait auprès de ce dernier du danger que représentait pour la ville la présence d'un dépôt de poudre dissimulé dans un lieu inconnu par le chevalier d'Amaral au cours du siège de 1522, le pacha lui répondit : « Dieu seul peut savoir où est le dépôt dont vous me parlez. Dieu, du reste, est grand et miséricordieux et y pourvoira. »
En 1856, soit deux années après cette conversation, l'explosion redoutée secoua la ville, détruisant de fond en comble l'église Saint-Jean, dont les Turcs avaient fait leur mosquée principale, et le palais du grand maître, causant ainsi la mort de 800 habitants.
La trahison du chevalier félon avait permis à Soliman la conquête de la ville. D'Amaral, plus de trois siècles après sa mort, achevait-il son œuvre, en détruisant le palais où il avait rêvé d'être honoré un jour du titre de grand maître ?

Cimetière turc (ci-dessus), au pied de la mosquée Murat Reis, et pierres tombales abandonnées, dans un autre cimetière, au sud de la ville.

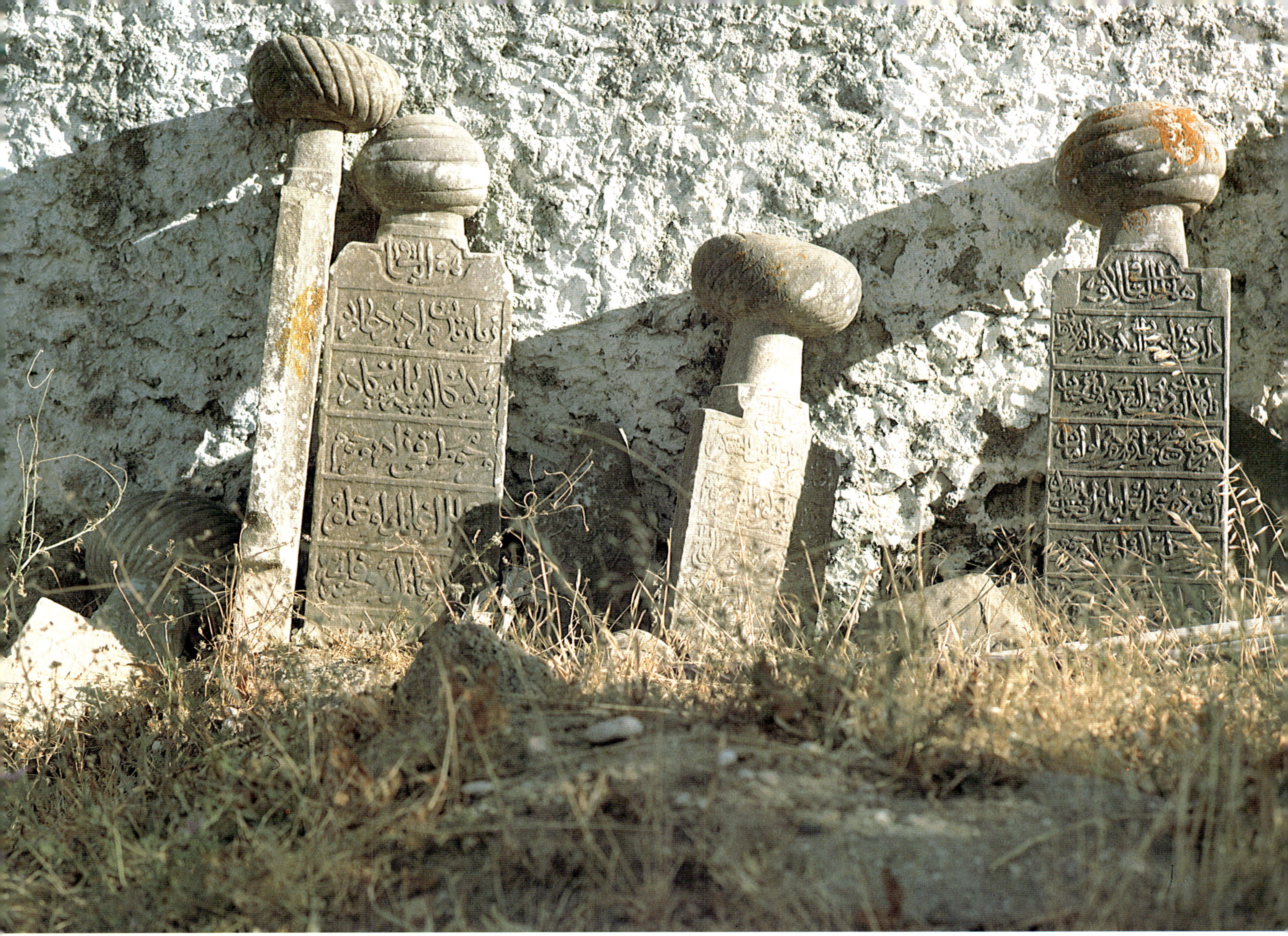

En 1912, les visées de l'Italie sur la Tripolitaine, dont elle rêvait de faire une colonie, eurent pour conséquence l'occupation de Rhodes, coupant ainsi les communications entre Istanbul et Tripoli.

Cette occupation, que les Italiens déclarèrent provisoire, dura, en fait, jusqu'en 1945. Gouvernée par les Anglais pendant une courte période de transition, l'île devint définitivement grecque en 1948.

Certes, les Italiens ont créé le musée, mis en place le service archéologique, restauré nombre de monuments, mais on leur doit, outre le palais du grand maître, l'église Saint-Jean, qui, en glissant des hauteurs de la ville, vint se placer, refaite à neuf, sur les rivages de Mandraki, à côté d'un palais du gouverneur, échappé, quant à lui, des rives lointaines d'une lagune vénitienne...

Si l'on veut, à Rhodes, revivre le passé, il vaut mieux retourner vers des rêves de pierre, lieux habités de silence et de lauriers, et surprendre soudain, en longeant les murailles, le fût gracile d'un minaret traçant une ligne de mire entre Islam et Chrétienté.

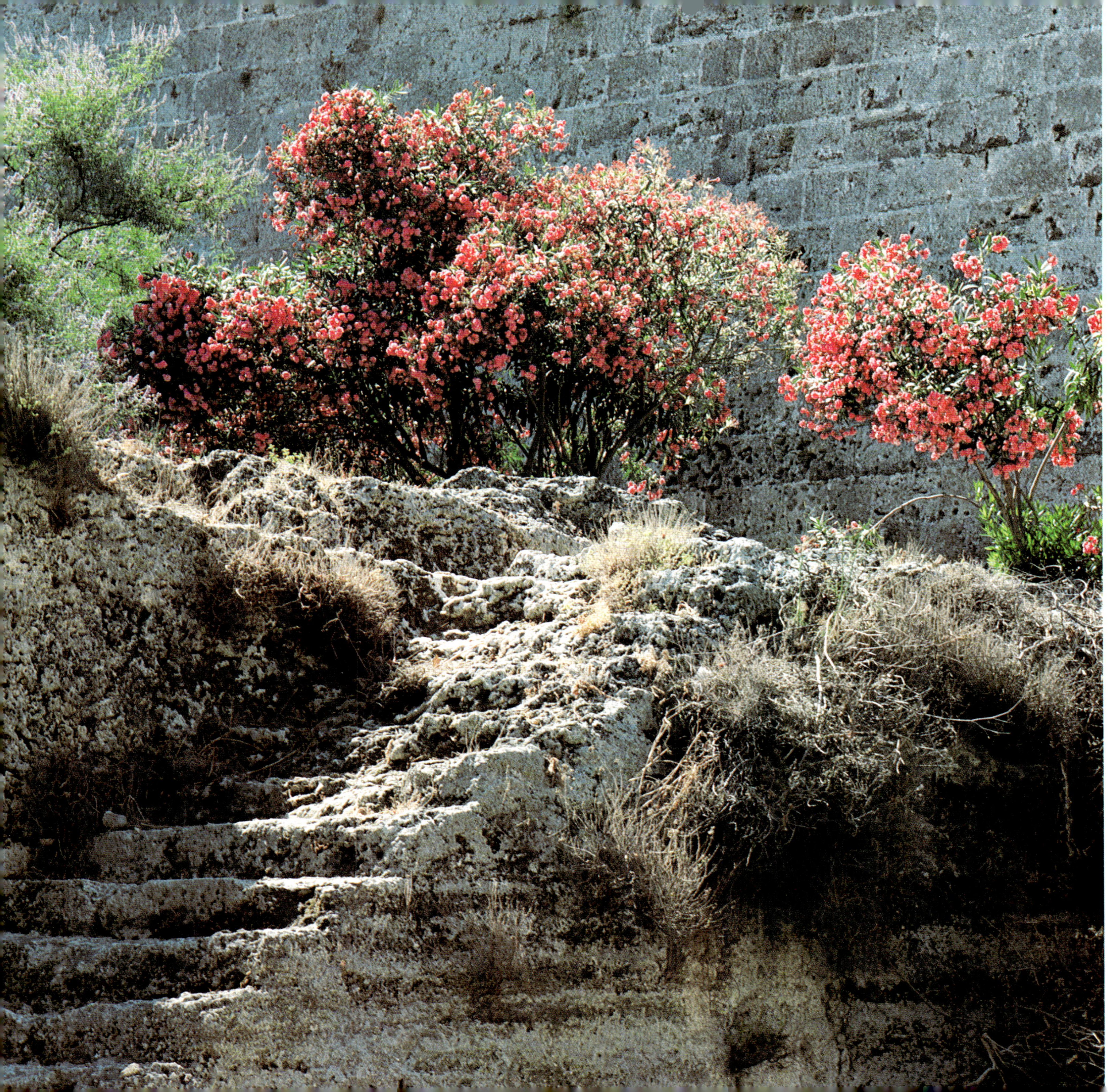

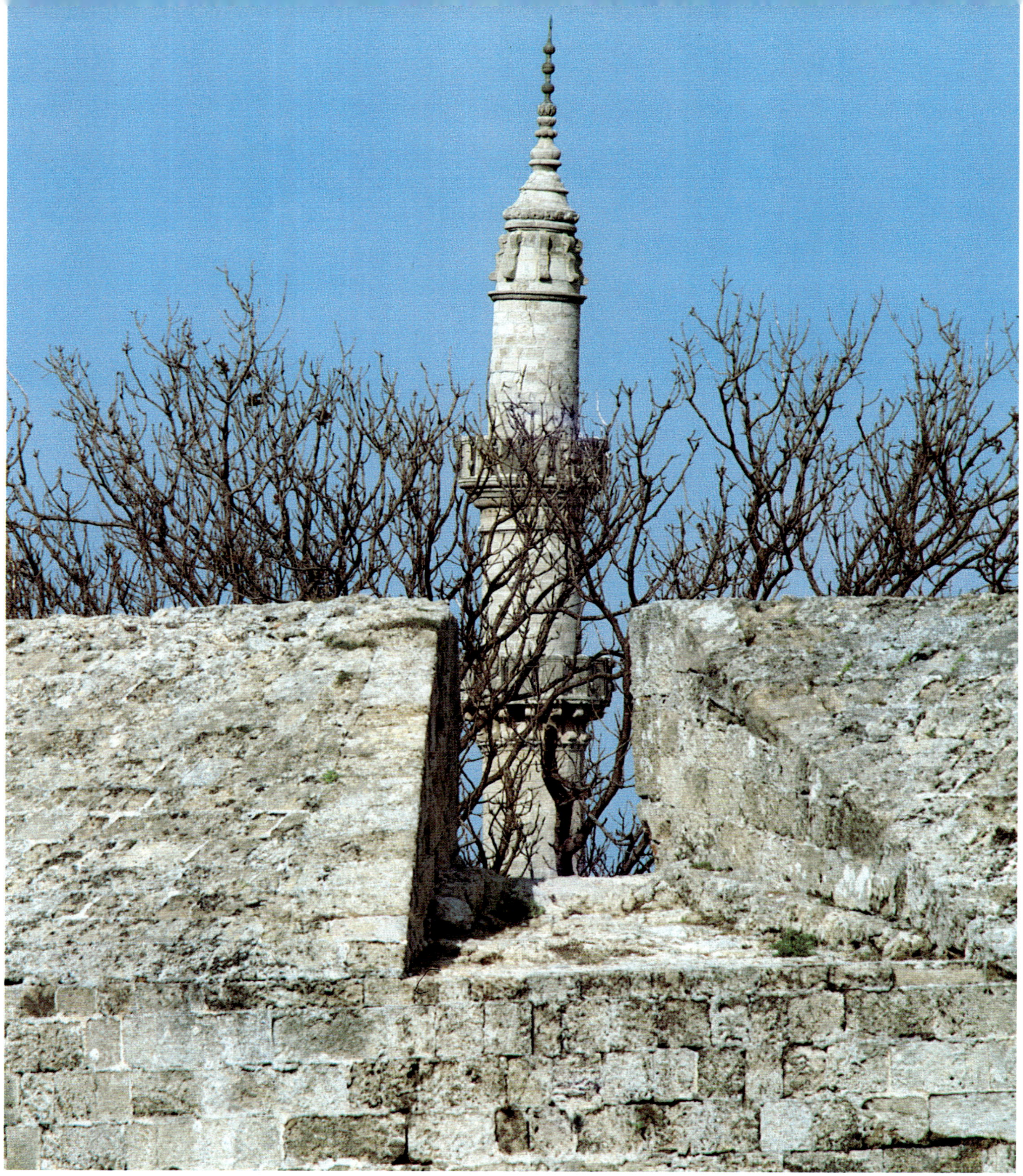

LES HOSPITALIERS DE SAINT-JEAN DE LEUR DEPART DE RHODES A NOS JOURS

par
Raymond de Launaguet

Donc le 1er janvier 1523, Philippe de Villiers de l'Isle-Adam, quarante-troisième grand maître de l'Ordre, quittait Rhodes et embarquait sur la *Grande-Caraque*, laissant la ville aux mains de Soliman.

Malte. 1530-1798

L'Ordre va errer quelques années ; à Messine d'abord, puis à Viterbe avec Civitta-Vecchia comme base pour sa marine. Finalement, Charles Quint cède l'archipel de Malte et Tripoli d'Afrique avec tous droits souverains moyennant le tribut annuel d'un faucon.

Malte n'est qu'un petit point sur la carte, mais, en réalité, c'est un point stratégique important et le verrou de la Méditerranée. On ne peut gagner la partie occidentale sans passer près de Malte. Les Turcs s'en apercevront vite.

Villiers de l'Isle-Adam, quand il arriva, trouva une petite cité : « Il Borgo ». Le grand maître la transforme rapidement suivant les mêmes principes qu'à Rhodes : auberges, églises, forts, remparts... car il suppute, non sans raison, les risques de nouvelles attaques turques.

Lorsqu'il mourut, le 21 août 1534, à l'âge de soixante-dix ans, les cours d'Europe prirent le deuil et Soliman lui-même fit lire dans les mosquées de son empire un panégyrique se terminant par ces mots : « Croyants, apprenez d'un *Kafir* (incroyant) comment on remplit ses devoirs jusqu'à être admiré et honoré de ses ennemis. »

Malte, à plusieurs reprises, eut à subir les attaques des Barbaresques, mais le siège le plus mémorable se tint, toujours à l'initiative de Soliman, du 18 mai au 8 septembre 1565. Aujourd'hui encore, lorsqu'on dit « Le Grand Siège », tout le monde comprend que c'est de celui de 1565 qu'il s'agit. Plus de 260 chevaliers furent tués au cours des combats, et l'on estimait que 8 000 hommes, soldats et habitants, avaient péri

Remise des clés de la cité de M'dina, alors capitale de l'archipel de Malte, au grand maître Villiers de l'Isle-Adam.
Jean Parisot de la Valette quarante-neuvième grand maître, régna de 1557 à 1568, et donna son nom à la capitale dont il avait conçu le plan.
Peintures de Antoine de Favray. Palais San Anton. Attard. Malte.

en cette occasion. On avait suivi avec angoisse dans toute la Chrétienté les péripéties de ce siège. Considéré comme un héros, le grand maître de La Valette refusa d'être nommé cardinal par le pape Pie IV, estimant devoir, dans l'intérêt de tous, être avant tout grand maître. Le roi Philippe II d'Espagne lui envoya une épée et un poignard à la garde en or massif enrichie de diamants, qui se trouvent aujourd'hui au musée du Louvre. De nombreux ouvrages ont relaté toutes les phases de cette lutte héroïque où, pendant trois mois et demi et à cinq contre un une poignée de chevaliers allait faire face à un envahisseur farouchement décidé à exterminer ceux qui leur résistaient en Méditerranée depuis 1099, et la date du 8 septembre, jour du départ de l'armada turque, fut toujours célébrée depuis l'année 1566 jusqu'à l'instauration de la République de Malte.

Le Turc vaincu, l'Ordre est revêtu d'un grand prestige. Il est souverain. Louis XIV reçoit avec tous les honneurs le bailli de Mesmes, nommé ambassadeur de l'Ordre en France (1714). Il en sera ainsi jusqu'à la Révolution ; et parmi les nombreux chargés d'affaires ou ambassadeurs qui se succéderont, le plus marquant d'entre eux fut sans doute le bailli de Suffren, glorieux marin de l'Ordre avant d'être considéré comme le tout premier des chefs de la Marine royale.

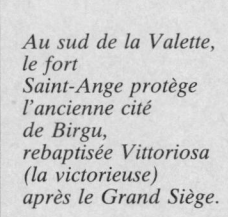

Au sud de la Valette, le fort Saint-Ange protège l'ancienne cité de Birgu, rebaptisée Vittoriosa (la victorieuse) après le Grand Siège.

A Malte, entre les missions navales ou terrestres, les chevaliers reprennent leur tradition hospitalière. C'est sous le magistère de Jean de la Valette que fut construit, vers 1560 le Grand Hôpital. Transféré dans la ville nouvelle de La Valette, il fut agrandi par le grand maître de la Cassière, en 1578 ; appelé « Sacrée Infirmerie », il comprenait quatre salles de vingt lits, une apothicairerie, des annexes pour les femmes, pour les pauvres, pour les incurables et pour les enfants abandonnés. Tous y étaient admis. Le sol était de marbre, les murs ornés de tapisseries, chaque malade avait son lit, la vaisselle était d'argent. Le service était assuré par les chevaliers, le grand maître y venant lui-même chaque vendredi.

Il existe dans les archives des rapports sur l'excellence de la tenue et des soins accordés dans la Sacrée Infirmerie de Malte durant les XVIIe et XVIIIe siècles. Cela provoquait sa renommée et l'admiration du monde savant. L'Ordre pratiquait déjà l'assistance médicale gratuite.

Les hospitaliers étaient encore à l'avant-garde des institutions modernes par leurs écoles de médecine, de chirurgie, de pharmacie. Le grand maître délivrait des licences après un certain nombre d'années d'études et de pratique.

Malte a conservé de beaux édifices : le bourg et les citadelles édifiés sous Parisot de La Valette. En Europe, beaucoup de bâtiments construits pour les chevaliers sont passés à la postérité ; il serait trop long de les énumérer ; qu'on sache seulement qu'en 1530 l'Ordre possédait 656 commanderies, réparties dans 24 prieurés.

La France est riche en souvenirs. Si l'enclos du Temple, siège du grand prieuré de France, a été complètement rasé, nous avons heureusement conservé l'hôpital des chevaliers à Angers, le grand prieuré d'Arles (actuellement musée Réattu), l'hôtel Saint-Jean à Toulouse, le temple de La Rochelle, (que l'on ne doit pas confondre avec Forbin Gardannes qui donna son nom à plusieurs bâtiments de guerre français). Depuis cette époque, sous Mazarin comme sous Colbert et puis tant d'autres, il fut de règle que les marins de France se perfectionnent au sein de la marine de Malte comme il fut courant que les chevaliers viennent prendre du service sous le pavillon royal, ce qui a donné plusieurs de nos grandes gloires navales : le chevalier Paul, Valbelle, Tourville, de Grasse, et surtout Suffren. Parmi les marins de Malte français, on note principalement : Romégas, Villegagnon, Chambray, etc. Rappelons enfin que le grand maître Jean Parisot de la Valette fut lui-même un remarquable marin.

Le dernier grand maître français, Emmanuel de Rohan, est surtout célèbre par sa révision, en 1788, des statuts qui constituèrent le code portant son nom.

Il eut beaucoup à souffrir dans son cœur de Français des spoliations que son pays d'origine faisait subir aux biens de l'Ordre : nationalisation en 1790, suivie de la vente des immeubles en 1792. Pour conjurer un danger qui le menaçait, l'Ordre crut devoir accepter, en 1797, sous le grand maître Hompesch, la protection de la Russie. Cette mesure exaspéra le gouvernement français, qui donna l'ordre à Bonaparte de s'emparer de l'île de Malte. Le général engagea les

et combien d'églises, de maisons de commanderies. Nous avons dénombré en France plus de mille propriétés ayant appartenu à l'Ordre.

C'est à Malte, au XVIIIe siècle, que l'on trouve les plus belles œuvres : la décoration des églises, des tombeaux des grands maîtres, des tableaux, des fresques, des tapisseries, des statues, des vases, de la vaisselle, des armes et des armures finement ciselées. Quelques noms d'artistes : le Caravage, Mattia Preti, Pierre Puget, Piranese, Favray, etc. Dans les familles, que de souvenirs, livres, tableaux, objets d'art, rappellent un glorieux chevalier de cette noble milice. Il y en aurait encore long à dire. Nous n'oublierons pas de rappeler le célèbre minéralogiste Dolomieu qui a donné son nom à une roche calcaire, la dolomie, dont est constituée la région des Dolomites.

Pour l'Ordre, le fait d'être insulaire l'amena à se donner une puissante force navale, très entraînée par sa lutte fréquente contre les Barbaresques.

L'Ordre devint ainsi une pépinière de marins. Rappelons que le cardinal de Richelieu s'avisa, lorsqu'il prit en main la charge de grand maître de la navigation, de demander un modèle à l'Ordre de Malte auprès duquel il dépêcha une mission dirigée par le chevalier des Roches pour connaître en détail toute l'organisation de la marine de l'Ordre, sur les plans aussi bien technique que tactique ou administratif. Richelieu connaissait le rôle très important que, depuis sa création, l'Ordre avait joué en Méditerranée et, surtout depuis Rhodes, sur le plan naval. Deux Maltais furent pris comme conseillers : le commandeur Philippe des Gouttes et le bailli de Forbin

La galère d'Emmanuel de Rohan Bolduc, grand maître qui régna de 1775 à 1797.

Portrait du grand maître. Peinture anonyme. (Musée national de la Légion d'Honneur et des Ordres de chevalerie, Paris).

Pierre-André de Suffren (1729-1788), chevalier des Ordres du roi, vice-amiral de France, bailli et ambassadeur de l'Ordre de Malte.

hostilités en juin 1798, alors que déjà des intrigues, des idées subversives avaient préparé les habitants au refus de se battre. Le grand maître Hompesch, esprit pusillanime, capitula sans combat, alors qu'il aurait pu résister six mois. L'acte de capitulation comportait le départ immédiat (15 juin 1798) ; le grand maître se retira à Trieste. L'Ordre ajoutait à ses pertes en Europe occidentale celles de son territoire d'Etat, de sa ville, de ses archives, de ses trésors.

Europe. 1798-1898

Ce que le général Bonaparte avait détruit en s'emparant de l'île, le Premier Consul essaie en 1802 de le réparer en incluant, dans le traité d'Amiens avec l'Angleterre, la restitution de l'île aux chevaliers. Mais, pas davantage que les négociateurs du traité de Vienne qui confirmèrent la possession de l'île à l'Angleterre, il n'avait saisi que depuis 1310, l'Ordre constituait une force internationale avec tous les avantages que l'on pouvait attendre d'une telle institution.

L'Ordre, malheureusement, sortait des guerres napoléoniennes presque anéanti. Tout au long de son histoire, sa principale source de revenus avait été ses commanderies. Or, à la suite des campagnes du début du XIXe siècle, il n'en subsistait rien en France, peu en Allemagne ; l'Espagne avait confisqué les biens de l'Ordre au bénéfice de la Couronne. En Angleterre, cela s'était produit trois cents ans plus tôt. Seules existaient encore les propriétés d'Italie et les commanderies créées par Paul Ier en Russie. La grande maîtrise, un moment confiée à Paul Ier, allait revenir à un Italien, puis rester vacante. Le siège de l'Ordre passe de Saint-Pétersbourg à Catane et finalement à Rome. Les années s'écoulent, peu à peu les chevaliers reprennent conscience de leur immense patrimoine moral, ainsi que de leur utilité dans le présent et dans l'avenir ; aussi se regroupent-ils dans les grands pays d'Europe et une transformation se fait.

Jusqu'à la Révolution, le nombre des religieux était supérieur à celui des laïcs (un pour cent) : au milieu du XIXe siècle, la majorité change.

Tandis que l'industrie se développe un peu partout, les œuvres charitables reprennent. Il se crée des associations nationales ; une émulation s'établit entre celles-ci. L'Ordre souverain de Malte revient à sa vocation originelle : l'hospitalité.

Sa première ambition fut de créer un hôpital en Terre sainte ; en 1873, à Tantur, près de Jérusalem, un grand établissement hospitalier était achevé et entrait en fonction en soignant 15 000 malades par an.

A la même époque fonctionnaient l'hôpital Saint-Bernard et Sainte-Marguerite à Naples, et l'hôpital Sainte-Marie de Lorette à Milan. En 1886, un hôpital pour enfants fut ouvert à Milan, un autre à Lecques, un autre à Kirling près de Vienne.

Le grand prieuré de Bohême-Autriche organisa en 1875 six trains-hôpitaux lors de la guerre en Bosnie-Herzégovine. Du côté allemand, un train-hôpital entra immédiatement en action et les chevaliers prodiguèrent des soins dans plus de deux

Fontaine de la cour du grand magistère, à Rome, où l'Ordre prit ses quartiers définitifs en 1831.

cents établissements, aidés de cent prêtres et de mille religieuses enrôlés dans leurs formations.

Quand Henri Dunant fonda la Croix-Rouge, l'Ordre participa aux travaux des conférences car il avait déjà mis sur pied des équipes sanitaires qui avaient opéré pendant la guerre des Etats de l'Eglise.

A la fin du XIXe siècle, l'Ordre s'était de nouveau affirmé et la nomination d'un grand maître, Fra Ceschi de Santa Croche, le soixante-quatorzième, vint couronner combien d'efforts. Aussitôt, l'Ordre cherche à reprendre des relations avec différents pays. Ici, pourrions-nous dire, s'ouvre la cinquième période de son histoire, celle qui tend à le mettre à l'échelle mondiale.

Le monde. 1898 à nos jours

Sous l'impulsion de Fra Galeas de Thun Hohenstein, soixante-quinzième grand maître, les associations nationales se multiplient, les relations diplomatiques s'étendent. Le nombre des chevaliers laïcs dépasse de beaucoup, nous l'avons vu, celui des membres religieux. Les œuvres atteignent l'Afrique et gagnent le continent américain.

Si le recrutement de l'Ordre est basé sur des preuves de noblesse, ainsi que cela était exigé autrefois pour toutes les écoles militaires, ces preuves ne suffisent en rien pour être admis dans l'Ordre, tout comme leur absence ne constitue absolument pas une impossiblité d'y entrer : un exemple entre plusieurs sous l'Ancien Régime, le chevalier Paul, ce grand marin formé par l'Ordre. On a toujours pu être candidat pour services éminents rendus. Si l'Ordre admet la noblesse du sang, il apprécie tout autant celle des sentiments.

La guerre de 1914 fit apparaître le drapeau de l'Ordre sur divers fronts. En Italie, une association de chevaliers pour services sanitaires fut formée et de nombreux trains envoyés sur le front, des hôpitaux ouverts à Togliano et à Rome. De leur côté, les associations allemandes et autrichiennes mirent en marche des trains-hôpitaux, des groupes mobiles de chirurgiens, trois hôpitaux de réserve à Posleindorf, à Cienne et à Bilin ; des maisons de convalescence à Vienne, à Frauenthal et à Castel-Prugg, un hôpital à Sofia. En bref, les chevaliers entretiennent plus de quarante-cinq hôpitaux.

En France, les membres de l'Ordre ne restèrent pas inactifs, l'Association française fonda sur le front l'hôpital auxiliaire n° 41 qui totalisa pour la durée des hostilités, 35 000 journées d'hospitalisation pour les grands blessés.

Pendant l'entre-deux guerres, l'Ordre poursuivit sa marche en avant un moment freinée par le conflit mondial. Avec le rétablissement de la paix, la progression s'accentuant de nouveau, l'Ordre sera présent dans de nombreux pays — par cinq grands prieurés, dans les contrées où il y a encore des membres religieux de l'Ordre, et par des associations nationales ailleurs.

Que dire de la souveraineté de l'Ordre ? Si, hors du palais de Malte, elle ne s'exerce sur aucun autre territoire, elle est tout de même reconnue par un tiers des Etats souverains du globe.

Mais revenons au traité de Vienne qui, au sortir des guerres napoléoniennes, avait essayé de rétablir certains statuts en Europe. Ce traité n'avait pas voulu reconnaître à l'Ordre le droit à restitution de son ancien territoire annexé par l'Angleterre ; il reconnut néanmoins sa maintenance de souveraineté en exil, ce qui fut le premier exemple dans l'histoire de ce qui se répéta pendant la dernière Guerre mondiale. Sans prétention de notre part, mais simplement pour un rapprochement, nous voudrions citer certaines phrases que Sa Sainteté Paul VI prononça à l'O.N.U. au sujet de la souveraineté du Vatican : « ... un des plus petits parmi vous qui représentez les Etats souverains, puisqu'il n'est investi que d'une minuscule et quasi symbolique souveraineté temporelle, le minimum nécessaire pour être libre d'exercer sa mission spirituelle... la permission de pouvoir vous servir dans ce qui est de notre compétence, avec désintéressement, humilité et amour... » Ces mots ne s'appliquent-ils pas exactement à la mission charitable et hospitalière que l'Ordre a toujours poursuivie depuis près d'un millénaire et qu'il entend poursuivre.

Actuellement, l'Ordre entretient des relations diplomatiques, comportant échange d'ambassadeurs, avec une cinquantaine de pays ainsi qu'avec les grandes institutions caritatives et culturelles internationales.

Son but éternel, la charité par l'hospitalité, est spécifié dans sa Charte. Dans le domaine social, la lèpre retient toute sa sollicitude. L'assistance aux malades de la lèpre est, en effet, une des activités les plus

Secours apportés aux enfants du Biafra, en 1969.

anciennes de l'Ordre, qui reste, de nos jours encore, à la pointe du combat. Celui-ci offre un double aspect : médical et social, de traitement puis de réhabilitation. Cette action est commune à toutes les associations nationales qui, parallèlement, ont organisé dans leurs pays des activités propres : hôpitaux, dispensaires, écoles missionnaires, maisons pour enfants, colonies de vacances, crèches, unités de secours, centres de puériculture, corps d'ambulances, activités qui s'étendent sur cinq continents.

La France se trouve bien placée parmi les autres pays grâce à son association des Œuvres hospitalières françaises de l'Ordre de Malte (O.H.F.O.M.) laquelle, comme ailleurs, fonctionne uniquement grâce aux fonds recueillis auprès de ses membres ou du public, à des dons ou des legs. A côté de l'aide aux lépreux, qui, pour nous, s'étend aux pays d'outre-mer d'expression française, en Afrique, en Asie ou en Océanie, nous soutenons aussi hôpitaux et dispensaires dans certains d'entre eux. Les O.H.F.O.M. s'intéressent également aux handicapés physiques après avoir entrepris l'enseignement de la réanimation respiratoire d'urgence.

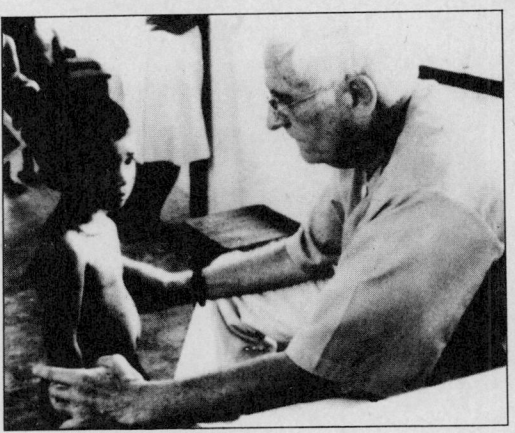

Le médecin général Constant, en mission au Cambodge.

Depuis plusieurs années déjà, elle a formé de nombreux comités départementaux et ses équipes ont sillonné les routes de France pour enseigner ouvriers, élèves, infirmiers, secouristes, notamment, sous le nom de campagne du don du Souffle. Elle organise également des cours de recyclage pour ambulanciers, avec diplôme reconnu par les autorités officielles.

L'histoire de l'Ordre revêt pour les Français, ainsi que nous avons cherché à le montrer, un caractère particulier en raison de la situation qu'il a occupée dans notre pays. Ses premières possessions furent situées en France. Trois de ses premières « Langues » étaient : Provence, Auvergne et France. La nation qui lui a donné le plus de membres est la France ; sur ses soixante-dix-huit grands maîtres, quarante-quatre furent des Français, sous lesquels eurent lieu les faits d'armes les plus glorieux.

On connaît la valeur des traditions, aussi ne peut-on laisser se perdre celles qui furent édifiées au cours des siècles et qui ont produit tant d'actes généreux. Aujourd'hui, comme jadis, la croix blanche à huit pointes reste le symbole du dévouement à ceux qui souffrent.

BIBLIOGRAPHIE

Bouhours. *Histoire de Pierre d'Aubusson la Feuillade*. Editions Goujon. Paris, 1806.

Bourbon, Jacques de (le Bâstard de Bourbon). *La grande et merveilleuse et très cruelle oppugnation de la noble cité de Rhodes*. Paris, 1527.

Caoursin, Guillaume. *Obsidionis Rhodiæ urbis descriptio*. Manuscrit. Bibliothèque nationale, Paris.

Clot, André. *Soliman le Magnifique*. Editions Fayard. Paris, 1983.

Durrell Lawrence. *Vénus et la mer*. Edition Buchet-Chastel, Paris, 1962.

Farochon P.-A. *Les Gloires chrétiennes de la France*. Paris, 1892.

Gabriel, A. *La Cité de Rhodes*. Editions de Boccard, Paris, 1921.

Guérin V. *Ile de Rhodes*. Editions Leroux, Paris, 1880.

Kollias, Ilias. *Rhodes*. Editions Delta, Athènes.

Montange, Louis. *Rhodes aujourd'hui*. Editions J.A., Paris, 1985.

Pierredon, Comte Michel de. *L'Ordre souverain et militaire des Hospitaliers de Saint-Jean de Jérusalem (Malte)*. Poitiers, 1924.

Sherrard, Philip. *Byzance*. Time-Life, 1967.

Soliman le Magnifique. Œuvre collective. Catalogue de l'exposition du Grand Palais, Paris, 1990.

Tataki A.B. *Rhodes*. Editions Athenon. Athènes, 1982.

Vertot, Abbé de. *Histoire des Chevaliers hospitaliers de Saint-Jean de Jérusalem, appelés depuis les Chevaliers de Rhodes et aujourd'hui les Chevaliers de Malte*. 4 volumes, Paris, 1726.

CREDITS PHOTOGRAPHIQUES

Les photographies de l'ouvrage sont de Joël Cuénot, à l'exception des documents suivants :

Page 6 : Cinémathèque française. Page 9 : Raymond de Launaguet. Pages 57 à 69 : Bibliothèque nationale, Paris. Pages 102 et 103 (La Valette) : Musée San Anton, Malte. Page 103 (fort Saint-Ange) : Raymond de Launaguet. Page 104 (galère magistrale) : Ordre de Malte ; (de Rohan) : Musée national de la Légion d'Honneur. Page 105 (de Suffren) : Bibliothèque nationale, Paris ; (fontaine) : Ordre de Malte. Pages 106 et 107 : O.H.F.O.M.

REFERENCES TECHNIQUES

Impression : Mame à Tours.
Façonnage : SMRF à Muzillac.
Photogravure : Actual à Bienne (Suisse).
Composition :
L'Union Linotypiste à Paris.
Dépôt légal : 4e trimestre 1990.